JN103083

もうやめて。

"国語の力"を育てない国語の授業

「やりたい！」「できた！」「もっとできる！」
が聞こえる授業のつくり方

丹生裕一 《著》

溪水社

はじめに

　筆者が28年間の小学校教諭生活を経て、大学において教職を希望する学生を指導するようになってから6年が経過しました。教諭時代を含むおよそ20年間にわたり、一貫してイギリスの「国語科」教育の実態について研究を続けてきました。

　イギリスでは、日本の国語科に該当する教科名はEnglishではなくLiteracyと言います。筆者による、現地の小学校に数週間滞在しながらの調査は15回ほどになります。主として、優れたLiteracy教育の実践者として定評のある教師たちの授業を観察・録画し、学習者のノートや作品のコピーを保存するとともに、その学校のその他の教育活動をフルタイムで参観しました。また、Literacy教育に関連する政府の施策文書、教科書や教材、指導解説書等の資料を集めました。そうして得られたデータを分析して、イギリスのLiteracy教育の理念や手法の特色を明らかにしてきました。

　一方で、イギリス内外の研究報告を読んだり、イギリスやアメリカで開催される国際学会に参加したりして各国の研究者らと交流したりするうちに、日本の国語科教育の特色もよく見えてきました。また、アメリカ、オーストラリア、ニュージーランドの英語圏の国々の「国語科」教育の理念や手法には、教科名は異なるものの、イギリスのLiteracy教育と共通する部分が多いことも分かってきました。

　筆者が小学校教諭であった頃は、イギリスで得られたLiteracyの授業実践のアイディアを、日本で自分が担任するクラスの国語の授業に応用し、その成果を確かめてきました。クラスの子供たちの国語能力や学ぶことへの意欲が向上していく手応えを感じただけでなく、授業者であり担任である筆者と学習者である子供たちとの絆が、国語の授業を通して深まっていくのを感じることもできました。

　大学に勤務するようになってからも、これまでの研究や小学校現場での実践経験で得た知見を生かしながら、国語の教科書の具体的な単元を取り上げて、学習者の国語の力を育てる効果的な授業実践の方策を学生たちと練り上げてきました。

　本書は、筆者による、これまでの研究や小学校と大学での教育経験を通して生まれた、日本の学校現場の実情に合った新たな国語科指導の基本的な考え方や具体的な手法を提案するものです。

目 次

第Ⅵ章　説明的文章を書くスキルをトレーニングする

第Ⅶ章　話す・聞くスキルをトレーニングする

もうやめて。"国語の力"を育てない国語の授業

—— 「やりたい *!* 」「できた *!* 」「もっとできる *!* 」が聞こえる授業のつくり方 ——

第Ⅰ章

日本中で長く続く空回りの国語科指導

育たない国語の力

　経済協力開発機構（OECD）による、加盟国などの15歳を対象にした国際学習到達度調査（PISA）の2018年の結果が、2019年12月3日に公表されました。日本は数学・科学分野は上位を維持しましたが、「読解力」は15位で、前回（2015年）の8位から急落しました。このような試験の形態に慣れていないから等の理由を掲げる人もいるようですが、「科学的リテラシー」や「数学的リテラシー」については、日本が安定的に上位を維持していることから考えると、それは言い訳のような気がします。少なくとも、日本の子供たちの「読解力」は、自身の「科学的リテラシー」や「数学的リテラシー」に比較して慢性的に劣っていることは確かなようです。さらに、同調査のアンケートによって、日本の生徒の読書量がOECD加盟国の平均を大きく下回っていることも明らかになりました。

　一方で、日本国内の小・中学生の「好きな教科」を尋ねる多くの調査において、「国語」は下位にあり続けているという事実があります。

　あなたが教師で、日頃から「国語の授業では何を指導すればよいのか分からない」とか「国語の授業を通して子供の学力が向上している手応えがない」と感じているなら、また、教師でなくても、「自分がこれまでに受けてきた国語の授業のおかげで何ができるようになったのかが明確でない」と考えているのなら、それは、先に示したいくつかの調査結果と無縁ではないはずです。そして、あなたと同じように感じたり考えたりしている現場の教師は、日本のどこにでも少なからず存在しているでしょう。これは極めて残念なことです。

　長い間にわたって、現場の教師たちは、国語科教育の発展、進化のために努力を続けてきました。最も授業数の多い国語科の教材研究と授業準備をしなくてもよい勤務日はほとんどないと言っていいでしょう。各学校での年間を通した校内研究も、国語科をテーマにしたものが多かったはずです。さらに、これまでにどれだけ多くの国語科の実践事例の提案が、研究発表会や出版を通してなされてきたことでしょうか。それらのことに費やされてきた教師たちの時間と労力は気が遠くなるほど膨大なものです。

　認めるには勇気が必要ですが、先に示した事実や多くの教師が感じているもどかしさは、これまでの国語の授業実践の多くが、学習者の国語の力を十分に育てることができずに、空回りしていたことを意味しています。では、その要因は何でしょう。

日本の国語科指導の二つの欠点

　イギリスでは日本の国語に該当する教科をEnglishではなくLiteracyと呼びます。筆者は、イギリスでの調査を進めるうちに、イギリスの小学校のLiteracyの授業に比べて、日本の小学校の国語の授業には、毎時間に設定される目標がずれたりぼやけたりしている・学習者が喜んで学んでいる姿を見ることが少ない、という二つの傾向があることに気がつきました。このことが、先に述べた、日本における国語科指導の“空回り”と強い関連があると筆者は考えています。

　まずは、設定される目標がずれたりぼやけたりしていることについて詳しく説明します。

　このことは、日本の研究者たちが、ずいぶん以前から（少なくとも20年以上前から）、書籍や学会発表等を通して批判してきました。例えば、それは「読むこと」の授業で起こりがちな、いわゆる「教材を教える」タイプの次のような授業に見ることができます。

　ある文学的文章を教材として取り扱うとします。本文全体、あるいは特定の場面について「○○（登場人物）の気持ちを考えよう」という目標を提示します。次に、「○○の気持ちが変化したところ」や「○○のやさしさが表れているところ」等の観点を決めて、その部分に線を引かせます。そして、各自が考えたその時の○○の気持ちをワークシート等に書かせ、それらを互いに発表、交流させます。「ゆさぶり発問」を通して学習者から再度意見を出させる場合もあります。最後に、クラスの中で賛同の多かった、あるいは、よく読み取っていると教師が判断した解釈のモデルを本時のまとめとして板書します。

　このような授業を子供のころ受けてきた、または、自分でも実践してきた、いや、今でもそのような実践をしているという教師は少なくないでしょう。では、これのどこが批判されるのでしょうか。

　それは、一つの教材を詳細に理解させても学習者の将来に役に立たないということです。上に示した学習活動は、個人の能力で、あるいは仲間と力を合わせて、より上質な解釈を求めたものです。それが、教師主導か、学習者主体かという問題ではなく、得ようとしたものが“教材の内容”だったということです。教科を問わず、授業の最後に板書される内容は、これから学習者の学校や社会の生活の中で生きてはたらく知識や技能に関するものです。だから、きちんと記録し、忘れないようにするのです。文学的文章を「読むこと」の授業の最後のまとめとして一つの解釈を板書したということは、教師は、その解釈を学習者に覚えさせようとしていたということです。

　ですから、学習者にとっては、そんなことを得たり覚えたりしても、将来の、言葉を自由自在に使いこなすことが求められる生活には役に立たないということが批判されているのです。そこに必要なことは、生きてはたらく「読むこと」の“能力”なのであって、“教材の内容”ではありません。授業の目標がずれているのです。

　こう言うと、「そんなことはない。解釈のモデルへと導くことで学習者の読み取る能力を伸ばそうとしているのだ」と反論する人がいるかもしれませんが、これが、授業の目標がぼやけている例です。その人達は、教師が上質な解釈へと学習者を誘導する、あるいは、学習

者に既有の能力を用いて得た解釈を互いに交流させるだけで、それぞれの学習者の文学的文章を解釈する能力を育てることができるとでも言うのでしょうか。この浅薄な認識が、学校現場が研究者の批判を20年以上にわたって受け入れることができなかった理由かもしれません。

　物語の作者が、あえて詳しく説明しなかった重要な場面を嗅ぎつけ、本文中に巧妙に織り込まれた手がかりに気がつき、それらを結びつけながら場面の様子や登場人物の心情を想像・推測するという思考が解釈の本質です。ですから、教師は、「読めない学習者は、どこを読み流してしまうのか」を見極め、「そこで、それらの学習者は、どんな手がかりを、どのように結びつけて考えることができないのか」を幾通りも見通して、それらを行うコツをうまく掴むことができるように丁寧に指導しなければ、彼らの国語能力を育てることができません。

　この、授業の目標がずれたりぼやけたりする問題は、文学的文章だけではなく、説明的文章を「読むこと」の授業にもよく見られます。また、「話すこと・聞くこと」、「書くこと」の授業では、目標がぼやけている場合が多いです。つまり、日本の小学校の国語教室においては、育てようとする国語能力の内実（その国語能力を構成するスキルは何か。また、そのスキルの要となるコツは何か）の分析が大変あまいのです。これが、これまでの国語科指導が、学習者の国語能力を構成するスキルの習得において十分に機能しない原因です。

　不思議なことに、このような現象は日本のその他の教科の指導実践の場ではあまり見ることはありません。

　例えば、３年生の算数で、「数を10倍するとどんな数になるかを考えましょう」という目標を設定して授業をします。「花子さんは、一つ20円のあめ玉を10個買いました。代金はいくらになるでしょう」という問い（教材）をきっかけに、事物を操作したり図式に置き換えたりする活動を通して、そのまとめは「数を10倍すると、位が１つずつ上がり、もとの数の右に０を１こつけた数になります」となります。「花子さんは、一つ20円のあめ玉を10個買って200円の代金を払いました」という“教材の内容”を授業のまとめにするような教師は、日本にはいないでしょう。

　それは、日本の算数科教育では、数学的に考える資質・能力を育むという目的が徹底され、数学的に考える資質・能力とは具体的にどんなものなのかが詳細に分析され、体系づけられているからに他なりません。

　ところが、日本の学校現場で起きているこれらの現象は、イギリスにおいては逆転します。イギリスでは日本の国語に該当する教科をEnglishではなくLiteracyと言うことは先に述べましたが、“literacy”とは本来、読み書きを中心とした言葉の運用能力という意味です。その名前から分かるとおり、この教科は、徹底して国語能力の育成を目指しており、義務教育段階で身に付けるべき国語能力の系統的で具体的な分析がすすんでいます。

　20年ほど前、イギリスのいくつかの小学校に調査訪問した際、先生たちの「Literacyは何をできるようにさせればいいのかがはっきりしているからやりやすいけど、Math（算数）

は何を教えていいのか、つかみ所がなくて難しい」という声を何度か聞きました。なるほど、その後も、筆者がイギリスで参観した多くのMathの授業は内容のまとまりを欠くものが多かったように思います。

　思い切って言うと、この、教科で指導すべき内容が具体的に体系づけられているという点については、算数だけでなく、理科、社会、体育等のその他の教科においても、日本はイギリスを大きくリードしていると実感しています。それなのに、なぜ国語科だけが……。

　これを、イギリスが特別なのであって、教科で指導すべき内容の曖昧さは国語科という教科の特性だと考えることは視野が狭すぎます。アメリカ、オーストラリア、ニュージーランドの英語圏のみならず、ヨーロッパの国々の母国語教育においても、指導すべき内容が具体的に体系づけられているという点では共通しているのです。日本で伝統的にそれが行われてこなかった原因については、複数の研究者がそれぞれの説を唱えていますが、本書の趣意から逸れるので、ここでは触れないようにします。

　さて、今度は、国語の授業実践が学習者の国語能力を十分に育てることができなかったもう一つの要因であると筆者が考える、学習者が喜んで学んでいる姿が少ないという現象について述べたいと思います。

　文学的文章を「読むこと」の授業に話を戻します。文学的文章を「読むこと」の授業の最後に、どうしても理屈でまとめたいのなら、例えば、「物語の前半部分で、主人公の身なりや言動等を手がかりにすれば、その人柄を想像することができる」や「直接的な描写がない重要な場面では、前後の場面の状況を手がかりにすれば、その場面の様子や登場人物の心情を想像することができる」等とするのであればずいぶんましでしょう。

　しかし、文学的文章を読む能力とは「こうやって読まなきゃ」などと意識して発揮されるのではなく、自然とそのように読むくせが付いているという性質のものです。算数では「数を10倍すると、位が１つずつ上がり、もとの数の右に０を１こつけた数になる」ことが理解できていれば、20円のあめ玉でも324円のショートケーキでも10個買うといくらになるのかが分かります。しかし、「物語の前半部分で、主人公の身なりや言動等を手がかりにすれば、その人柄を想像することができる」ことを理解していたとしても、内容や表現手法（文体やレトリック）が異なる様々な物語の主人公の人柄をすんなりと読み取ることができるとは限りません。ですから、授業のまとめとしては「そのような読み方が自分はどれくらいできるようになったか」、「自分はどのような手がかりを見逃してしまったのか」等について振りかえって自己評価させることが本筋です。つまり、優れた読み手になることを目指している者として、自分が今どの位置にいるか、どの程度成長したかを自覚させることの方が重要なのです。

　このことについても、「読むこと」、「話すこと・聞くこと」、「書くこと」の国語科の全ての領域の学びに当てはまります。学習指導要領の各領域の「指導事項」を見れば分かるように、国語科は「知る」や「理解する」と言うより、本質的に「できるようになってなんぼ」の教科だからです。ちなみに、ドイツでは、国語科は技術教科だと考えられているそうです。[1]

イギリスやアメリカでは、この自身の学びに対する自覚のことを"学びのownership"と呼び、学習者が主体的に学習するための意味や動機や機会を与えるとして重要視され、これを育むための研究と実践が進んでいます。[2] 日本の国語科教育においては、あまりそのようなことを議論する動きはありません。示される授業の目標が曖昧であるという弱点があるので、学習者に自分の学習の成果に対する評価の規準を持たせにくい（のびを実感しにくい）こともその一因かもしれません。しかし、筆者には、日本の国語科指導においては、学習者自身に自ら学ぼうとする意欲を持たせることへの教師側の意識がとても低いように見えます。

加えて言うと、イギリスの幼い学習者も、最初からそのような意欲を持っているわけではありません。実は、日本の国語の授業に比べ、学習者の意欲を喚起するアイディアがたいへん豊かなこともLiteracyの授業の特徴です。特に、授業の中に、演劇、文学、造形等の創作の喜びを伴う活動を媒体として取り入れ、学習者の興味や発想を喚起しながら読み書きの能力を育てる慣習は、芸術に対する国民の関心が高いイギリスならではのものです。ですから、Literacyは、イギリスの子供たちにたいへん人気のある教科です。

このように、学習する興味や発想を喚起し、自身の国語能力の向上したことを自覚させ（学びのownershipを持たせ）て学ぶ意欲を育むような国語科の実践報告は、日本ではあまり見られません。これが、国語科指導が、学習者の国語能力が育つエネルギーを生み出しきれない原因です。

これまで述べてきたように、日本の国語科教室に巣くう、「育てようとする国語能力の分析のあまさが原因でそれを構成するスキルの習得に指導が十分に機能しない」、「学習者に学ぼうとする意欲を持たせることへの意識や取り組みの弱さのせいで国語能力が育つエネルギーを産み出し切れない」という二つの欠点が、日本の子供たちの国語能力の向上を妨げ、国語嫌い、読書嫌いといった問題をつくりだした大きな要因だと筆者は考えています。

現場に届かない研究者たちの提言

日本の国語科教育の研究者達が、先に述べた、日本の国語科指導は、国語能力を育てるための機能が不全であり、それが育つエネルギーを生み出していないという二つの"欠点"について気がついていなかったわけではありません。

実は、日本の国語科教育の現状を批判してきた研究者たちの世界には、古くから国語科指導の基本理念に関する対照的な二つの立場がありました。二つの"欠点"の前者を重視するのが本質主義の立場、後者を重視するのが経験主義の立場です。それぞれの立場の主張には対立する部分もあることから、二つの"欠点"のどちらかだけを克服する動きに互いにブレーキをかけてきたのかもしれません。

まず、本質主義の立場の人たちはどのような主張をしているのか、見てみましょう。

日本言語技術学会の鶴田清司先生は著書[3]の中でこう述べています。

今後は《言語技術》にもっと着目すべきである。それは、言語活動や言語生活を適切かつ効

果的に営むための技術である。それは、文章表現の理論をふまえた「読み方・書き方」、音声表現の理論をふまえた「話し方・聞き方」である。実用文を読むためには内容を迅速かつ正確にとらえる技術が必要である。文学作品を味わうためにはイメージ豊かに深く読む技術が必要である。達意の文章を書くためには基本的な作文技術が必要である。人と議論するためには説得や反駁の技術が必要である。

　しかし、「読み方・書き方・話し方・聞き方」の技術というものは、極めて多種多様なものですから、それぞれを確実に身につけようとすれば、具体的な言語技能の体系を明らかにし、それらを一つ一つ指導していく必要があります。
　この考え方に異を唱えたのが経験主義の立場の人たちでした。千葉大学教育学部名誉教授の首藤久義先生は著書(4)の中でこう述べています。

　　社会に通じて、生活に役立つ、本当の書く力を伸ばすためには、やはり「作文法（作文スキル）」は書き方に関する知識・技能の「基礎基本」を、場から取り出して一つ一つ練習させるというやり方ではなくて、それらの要素が意味ある関連を持ったままに学ばれる必要がある。本物の聞き・話し・読み・書く場の中に組み込まれたままの、未分融合の形で学ばれる必要がある。そのようにしたときに、生きてはたらく力としての書く力も伸びるのであり、その学習も、こどもたちにとって意義や意味を実感することができるものになる。

　これらの立場の違いを、もう少しわかりやすく説明してみましょう。
　サッカー部の練習の様子を例にとります。
　あるチームのコーチは、選手たちの力を伸ばすために、サッカーに必要とされるパス、シュート、ドリブル、トラップ、ヘディング、ディフェンス、フリーランニング等の技術を一つ一つ取り上げて、順番に練習をさせてその技術を習得させていきます。サッカーを上手にプレイする能力を構成するそれぞれの技術を積み上げれば、どの選手もサッカーがうまくなるというわけです。これが本質主義的な考え方であり、いわば、上達の機能を重視していると言えます。
　一方、別のチームのコーチは、毎日の練習で、選手たちの好きなサッカーのゲームばかりさせます。つまり、実際の試合と近い状況の中で意欲を持って練習すれば自ずとサッカーがうまくなるというわけです。これが経験主義的な考え方であり、機能よりも上達のエネルギーを重視しています。
　まあ、しかし、現実には、部分練習しかさせないコーチやゲーム練習しかさせないコーチは存在しないでしょう。先の例は、説明しやすくするために、筆者がわざと極端な例を示したに過ぎません。
　国語科の指導においても、鶴田先生は、学習者の学びの文脈を踏まえない「技術主義」に陥ることに警鐘を鳴らしています。首藤先生も、書くという一つながりのプロセスをこわさ

ずに、必要と実情に応じて手助けをする必要があると述べています。

　筆者がどちらの主義に軸足を置くのかということについては、はっきりさせておく必要があると考えます。筆者は、本質主義に軸足を置いています。それで、これからお話しする内容は、そのような立場からの国語の授業のつくりかたです。しかしながら、先述の首藤久義先生は、筆者の大学院博士課程時代の師匠であります。ですから、その内容は経験主義的な考え方にも強く影響を受けています。

　この二つの主張は、これまでのように「機能」か「エネルギー」かの対立により相容れないものではなく、融合し、相乗的に国語科教育を進化させるべきものであることは、どちらの立場の研究者も認めています。しかし、実際にどうすればよいのか、明確で具体的な解決の道筋は残念ながら示されてきませんでした。

国語能力を育てる国語の授業

　読者の皆さんは、もうお気づきでしょうが、日本の国語科指導におけるこの二つの"欠点"は、逆にイギリスのLiteracy教育の強みになっています。当然、そこには、具体的な手立てが存在します。そのことを一まとめにして本書では「Literacyの方略」と呼ぶことにします。

　では、もしも、「Literacyの方略」を取り入れて、我々が自らの欠点を克服することができたなら……。

　視点を変えてみると、イギリスに比べ、日本の学校の教室には教師と子供達、あるいは子供達同士の、より濃厚な結びつきがあります。また、これまでの長い間、日本の学校教育には、音読、漢字、計算等の基本的知識や技能習得のための継続的な指導の慣習が根付いています。さらに、教師集団においては、教科を問わず、より効果的な授業展開について細部にわたって徹底的に追求しようとする文化があります。学校や地域単位で、教師の一人が授業を公開し、それを多くの同僚らが参観して、その具体的な指導展開の是非について研究協議をしたなどというのは、イギリスやアメリカでは見たことも聞いたこともありません。

　基礎学力や集団の風土といった学習基盤の整った日本の小学校の教室で、教師達が、学習者の学習への興味を喚起し、具体的な目標（どのようなスキルを育てるか）とその方法（どのように学習活動を仕組むか）をピタリとかみ合わせ、学習者に自身ののびを自覚させ主体的に学ぶ意欲を持たせるような、つまり、国語能力を育てるための機能を備え、それが育つエネルギーを産み出す国語の授業をつくったら、クラスの子供たちの国語能力は飛躍的に向上するでしょう。そして、それらの実践が教室や学校の枠を超えて教師間で共有され、その指導手法がさらに練り上げられていったなら、そのとき、日本は世界に向けて、何か有意義なことを提案できるはずです。

　この値打ちのある役割は、文部科学省や大学等の研究機関や教科書出版会社などではなく、現場の教師である、またはそれを目指しているあなた方しか担うことができないということを忘れないでください。

国語能力を育てる授業のつくり方

1　授業づくりの基盤——日本型教育のよさを生かす

　たとえば、ここに、学級経営のうまいA先生がいるとします。その先生の学級の学習者集団は支持的風土に満たされ、授業中に自分の考えを発表することや、みんなの前で大きな声で歌ったり演じたりすることにあまり抵抗を感じません。みんな生き生きとしています。ところが、どういうわけか、A先生は国語の授業づくりに苦労しています。はっきり言うと、国語の授業はあまり上手にできません。

　かたや、ここに、国語の授業づくりがうまく、導入からまとめまで筋の通った指導計画案を作成し、どんどん授業を進めることができるB先生がいます。しかし、この先生はよい学習集団をつくることには無頓着で、授業中にだれかがちょっと変わった意見を言おうものなら、教室のあちこちで、その子を見下した表情で陰口をささやき合う子供たちの様子が見られます。

　さて、みなさんは、A先生とB先生のどちらのクラスの子供たちの国語の学力が向上しやすいと思いますか？両方のタイプのクラスに所属した経験のある人なら、想像がつくかもしれませんね。筆者の28年間の小学校教諭としての経験からすると、学級経営がうまくて国語の授業づくりが未熟なA先生のクラスの学習集団の方が国語の学力は向上する可能性が高いと思います。

　なぜなら、国語の授業においては、自分なりの解釈やアイディアを獲得し、それを表現することが、学力を伸ばすために極めて重要だからです。そのためには教室の中に晒される恐怖が漂っていては、全力を尽くして学ぶことができません。ちょうど、あの映画「ハリーポッター」シリーズの「アズカバンの囚人」の巻で登場した吸魂鬼（ディメンター）が飛び回っている様子を思い浮かべるといいでしょう。

　効果的な国語の授業を実現するためには、晒される恐怖の代わりに、教室の中が支持的風土、つまり、「ここだったらどんな失敗をしてもこわくない。自分の頑張りやよさはみんなが認めてくれる。」という安心感で満たされるようにしなければなりません。

　吸魂鬼を追い払うための呪文は我々には使えませんが、その方法はあります。意外と単純なことです。ただ、徹底するには根気が必要です。

　それが、筆者が、若い教師やこれから教師になろうとする学生に推奨している、次のような「よい教師であるためのルール」です。

よい教師であるためのルール

1　このルールは徹底せよ。
　　※時々やるのではない。できるだけやるのでもない。他の何事を差し置いてやるつもりで。
2　子供が当たり前のことをできなくてもなじるな。
　　※受け入れよ。そこがスタートライン。
3　仕組んでおいて褒めよ。
　　※生活目標（「チャイムの前に行動する」等）を具体的に示しておく・善い行いが出現しやすい活動（異学年交流等）を設定する等。
4　拾って褒めよ。
　　※一日に50個は拾え。同僚の善い行いも拾え。
5　ペンとメモ用紙（付箋紙）は常に携帯せよ。
　　※記憶より記録。後から記録した付箋紙を見ながら褒めることができる。その付箋紙は週計画簿に貼っておくと通知表の所見を書くときにネタに困らない。他クラスの子供の善い行いの記録は職員室のその担任の机に貼っておけ。
6　具体的に褒めよ。
　　※なぜその行いが尊いのか、理由を添えて。
7　全員の子供が目を見て聞くようになるまで、三ヶ月間かかる。
　　※できていない教室がほとんど。担任があきらめたからである。できている教室の担任は、毎年そういう学級を作る。
8　手に何かを握っているとき、机の上に別の何かがあるとき、子供は人の話を聞かない。
9　掃除の時間、一番きつい仕事を自分がやって見せ続けよ。
　　※そのうち、必ずだれかが真似をする。褒める大チャンス。
10　合唱の時、惜しまず声を出している子供や表情で歌っている子供の肩をそっとたたいておいて、歌い終わってからその子供たちを褒めよ。
　　※特に高学年では効果的。
11　日記には、本人、またはその家族や仲間のよい所を見つけてたくさんコメントを書け。
12　子供が過ちを犯したら、「なぜ、そうしたくなったのか？」と問え。次に「本当はどうなりたいのか？」と問え。そして、そのためにまずやることを決めて、「いっしょに頑張ろう」と言えばよい。
　　※教師が子供と同じ方向を向くまで、子供は心を開かない。
　　　　　　　　　　　　　　　　　⋮
　　　　　　　　　　　　　　　つづく

　これらは、筆者が小学校教諭時代、日常的に巻き起こる様々な課題に対して、同僚とともに立ち向かった経験から生まれたルールです。全てのルールに思い出がぶら下がっています。
　大学を卒業し、新任教師として現場に出て行く教え子たちにもこれをコピーしたものを渡しています。このルールを徹底したおかげで、クラス集団の雰囲気が、徐々に、しかし、明らかに暖かく変化するのを実感したと言う教え子が何人もいます。

要は、日常の学校生活の中に垣間見える、子供たち一人一人の努力、勇気、優しさ、正義感、心配り、自己犠牲の態度などの小さな"よさ"に気がついて、そのことに自分が敬服し、感謝していると伝えることをねばり強く継続するのです。

　若いころの私も初めのうちは努力を要しましたが、伝えた相手やまわりの子供たちがうれしそうな顔をするので、こっちも調子に乗って子供たちの"よさ"を探したくなります。そのうちに、気がつくと子供たちの"よさ"が自然とよく見えるようになり、それらが本当に尊いことに思えるようになっていました。すると、クラスの中の、例えば、掃除の時間に楽をしようとしたり、挨拶や返事をしようとしなかったり、忘れ物をしたり等の小さな"よくなさ"は気にならなくなります。クラスの子供が、誰かの心を傷つけたり誰かを見下したりするような過ちをしてしまった場合は別ですが、筆者は、小学校教諭として最後に５年生を担任していた１年間、あまり子供を叱ることがなかったように思います。褒めるのに忙しくて、子供たちに細々と注意などしている暇もなかったのです。

　そうなると、子供たちも先生の真似をして、誰かの"よさ"に気がついて、それを相手に伝えたり、帰りの会でみんなに紹介するようになります。すると、その行為自体がまた褒められるという好循環が生まれました。もはや、クラスの子供たちにとって、誰かの悪口をかげで言い合ったり、誰かの失敗を取り上げてからかったりすることはバカバカしいことでしかありません。自分の"よさ"を発揮すれば発揮するほど誰かがそれを認めて褒めてくれるわけですから、そっちの方が楽しいにきまっています。

　次に紹介するのは、筆者が小学校教諭としての最後の勤務校を去るときに担任していた５年１組の代表の子供が、退任式で私のために読み上げてくれたお別れの言葉の原稿の一部です。原文のまま抜粋して掲げます。

　　　　　　　　　　　　　　　　　　⋮

　先生と一緒に過ごせたのはたった１年間でした。４月に５年生になり、クラス替えがあって私たちはウキウキしていました。先生と５年生の教室に入って健康観察をしたとき、不安でいっぱいでした。どんな先生なんだろう？やさしいかな？そんなことをずっと考えていました。

　先生は、なんだか変わった先生で、悪いことをしたらおこるのではなく、はげましてほめて指導する先生でした。

　　　　　　　　　　　　　　　　　　⋮

　先生は、どんな学校行事にもとっても熱心でした。いろんな所で、私たちの心に火をつけてくださいました。授業はとてもおもしろくて、分かりやすかったです。

　　　　　　　　　　　　　　　　　　⋮

　休み時間、先生といろんな話をしました。男女がとても仲よくて、先生とのコミュニケーションがよくとれているクラスは５年１組だけだと思います。私は、５年１組が大好きでした。

　　　　　　　　　　　　　　　　　　⋮

　クラスを代表してこの原稿を書いて読み上げてくれた女の子は、手のかからない、いわゆる"優等生"タイプではありません。先述の「ルール」の「12　子供が過ちを犯した

ら……」を何度も実践し、取っ組み合って一緒に成長した、私の"相棒"でした。退任式の最中に、その子がクラスの代表でお別れの言葉を言ってくれることを知ったときは感激しました。彼女が読み終わったとき、思わず「その原稿を、思い出にくれないか？」と頼んだので、今も筆者の手元にあるのです。

　このような支持的風土に満たされたクラスは、日本全国の小学校にたくさん存在しているでしょう。また、これからこのようなクラスをつくり上げる可能性はどの教師にだってあるはずです。これは、世界に誇るべき、日本の教育の強みだと思っています。

　国語の授業づくりを解説するはずの本なのに、このような話をするのは変かもしれません。ですが、これから説明する授業づくりの手法は、学習者の主体性や積極性を極めて重視するものです。だから、クラスが支持的風土で満たされているという前提はとても重要なのです。それで、あえて、長々とこれらのエピソードを紹介したというわけです。

　それからもう一つ、予め、読者のみなさんに知らせておくべき重要なことがあります。

　これから説明する国語の授業づくりに関する内容は、「読むこと」「書くこと」「話すこと・聞くこと」の各領域の単元の指導展開に関するものです。ですから、小学校年代の学習者に毎日訓練させるべき、音読や漢字の読み書き等の基礎的な知識や技能を習得させるための方法については触れていません。日本の識字率の高さから考えても、この分野は日本の教育の強みの一つだと言えるでしょう。しかし、これは、先輩の教育者達が長い時間をかけて築き上げてきた努力の成果であり、決して、自然で当たり前のことだと勘違いしてはいけません。

　例えば、40年ほど前にニュージーランドで開発された、音読がうまくできないことで学校の様々な学習への参加が困難な子供たちを対象にしたReading Recoveryプログラムは、現在でも、イギリス、アメリカ、オーストラリア等の英語圏の国々において、国家規模で大変な予算と手間をかけて取り組まれています。日本では、この大仕事を全国の教師たちがそれぞれに努力し、成し遂げてきたのです。

　我々はこのことを自覚した上で、この努力を継続していく必要があります。そして、さらなる工夫をしていかなくてはなりません。（そのことに関する新たな提案は別の機会にするつもりです。）先人の長い間の努力にもかかわらず、音読や漢字の読み書きがうまくできなくて困っている子供たちは、まだ、我々の国の多くの小学校に存在しているからです。

　本書で説明する授業づくりの手法は、それらの基本的知識や技能を、少なくとも学習活動の妨げにならない程度に身に付けている学習集団において効果を発揮するものであります。

2　授業づくりのフェイズ（段階的局面）—— 機能を持たせエネルギーを産む

　世界の多くの国々と同じように、日本の国語科教育にも、「話す・聞く」「書く」「読む」という領域の概念があります。様々な文章を読んだり書いたり、様々な場面や立場で話したり聞いたりする国語能力は、それぞれを構成するスキルの集合体です。（※本書では、「技術」より、個人の能力という意味合いが強い「スキル」という用語を用いる。）さらに、それらのスキルは、そのコツを掴んだり、繰り返し経験したりするトレーニングで習得、強化されること

は、どの領域についても共通しています。

「Literacyの方略」を取り入れた日本の国語の授業をつくるには、全ての領域に共通する、次のような基本的な授業づくりのフェイズ（段階的局面）の考え方が有効です。

フェイズ1 習得させようとするスキルの構造を具体的に把握する
フェイズ2 そのスキルの効果的な習得が可能な活動を編成する
フェイズ3 そのスキルの習得の具合を自覚する機会を設定する

日本の国語の授業では、通常、決められた教科書を用いることになっていますが、イギリスを含む多くの国々の制度ではそうなっていません。それらの国々では独自のナショナルカリキュラム（日本の学習指導要領にあたる）やそれに準ずる文書等によって、各領域毎、各学年毎に習得させるべき国語に関するスキルが詳細に明示されていますが、それを達成するためにどんな教材を用いるのかは、各学校や教師に任されている場合が多いのです。そうすると、それらの国の教師は次のように考えます。

「このスキルを習得させるためにはどの教材を用いると効果的だろうか？」

しかし、学習指導要領の「話すこと・聞くこと」「書くこと」「読むこと」の領域の「指導事項」には各「学習過程」で習得すべきスキルが抽象的にしか示されておらず、教材（教科書）の選択の自由が制限されている日本の教師は次のように考えた方が合理的です。

「この教材で、習得させることのできるスキルの構造はどうなっているのだろう？」

この部分が授業づくりの命と言ってもいいでしょう。つまり、これが、日本の国語科指導の機能不全の原因である、育てようとする国語能力の分析のあまさを克服するポイントなのです。この時、そのスキルを成立させているコツは何であるのかまで具体的に考えておく必要があります。それらが授業の目標になります。英語で言うと"what to teach"です。これが、明確に授業者に意識されると、授業づくりの基盤（フェイズ1）が確立します。

すると、**フェイズ2**として次にするべきことは、授業の目標として把握したそのスキルやコツをどのような方法（活動）で習得させるのかを考えることです。このとき、「Literacyの方略」に習って、学習者の意欲を喚起するような活動にすることが重要です。なぜなら、多くの場合、学習者は、まだ、教師が授業の目標として設定したスキルを習得する必然性や課題意識などを持たないからです。ですから、「その活動はおもしろそうだ。やってみたい！」と思わせるのです。勿論、教師の側は、学習者がその活動に夢中になって取り組むことを通して、本来の目標であるスキルやコツを習得することを期待しているわけです。その活動の内容や手順が授業の方法になります。英語で言うと"how to teach"です。

ところが、ともすれば、教師は学習者の意欲を引き出そうとするあまり、「目的」を考える前に「方法」を考えがちです。

"セカイノオワリ"の「RPG」という楽曲の中に次のような歌詞があります。

「方法」という悪魔に取り憑かれないで
「目的」という大事なものを思い出して

　これは授業づくりの本質を絶妙に言い当てています。「目的」（what to teach）を見失ったり間違えていたりすると「方法」（how to teach）をどんなにうまくやっても無意味だったり、時にはむしろ害になったりします。ですから、「方法」は、ねらったスキルを的確にトレーニングできるよう周到に練り上げなければなりません。この部分は、むしろ、我々日本の教師が得意とするところでしょう。

　こうして、学習者に習得させたいスキルの構造を具体的に把握し、その方法としての活動を仕組みました。しかし、ここで終わってはいけません。活動を終えた学習者に、「本時でのこのスキルの習得は満足のいくものであったか」、「課題があるとすればそれは何か」等の形成的自己評価を通してのびを実感させる算段をしておく必要があります。さらに、その単元で習得したいくつかのスキルを連携、応用することで、「読んで感動や理解が深まった」、あるいは、「書いたり話したりするアイディアがたっぷりと集まって、伝えたいことがうまく表現できた」等の成功体験をする機会を、単元毎、学期毎のスパンの中で設定することも大切です。

　この段階が「Literacyの方略」を取り入れた**フェイズ３**になります。これによって、学習者は、そのスキルを学習や生活の場に応用しようとする態度や、自らの学びに対する所有意識（学びのownership）を身に付けるようになります。このことは、直接的な学習効果を高めるだけでなく、主体的、向上的な態度や自己肯定感を育むことに有効であることが実証されています。

　このように、**フェイズ１～３**の流れに沿うことで、国語能力を育てるための機能を備え、それが育つエネルギーを産み出す国語の授業をつくることができます。

　次章からは、それぞれの領域毎に、この授業づくりの考え方をもう少し具体的に解説していきます。各章の「１　授業づくりの手順」には、その領域特有の、**フェイズ１～３**の考え方を示しました。「２　具体事例」については、第Ⅲ章では「光村図書」と「東京書籍」の教科書の両方に掲載されている文学作品教材を選び、その他の章については、「光村図書」と「東京書籍」のそれぞれの教科書の、できるだけ汎用的、普遍的なスキルを習得することができる単元を選び、その要となる１単位時間の授業づくりの事例を**フェイズ１～３**に沿って紹介しています。また、教科書だけでは、習得が難しい重要なスキルについては、筆者オリジナルの単元の具体事例を紹介しています。

　それぞれの「具体事例」の内容は、その単元の指導マニュアルではなく、あくまでも各章の「１　授業づくりの手順」に示された**フェイズ１～３**の考え方を理解してもらう補助資料という性質のものです。特に、筆者オリジナルの単元以外は、単元全体ではなく、特定の１単位時間に焦点を当てていますので、読者のみなさんが実際に単元全体の、あるいは、本書では紹介していない単元の授業をつくる際には、領域毎に示された**フェイズ１～３**の考え方

を基に自分で判断し、アイディアを生み出していく必要があります。

　これまで述べてきたことを踏まえてつくられた国語の授業を通して、学習者が、各領域の国語能力を構成するスキルを習得、強化していくメカニズムを図で表すと次のようになります。

<学習者の内面>
○向上した「スキル」
○「スキル」に対する学びの ownership
○音読力・漢字力・語彙等の基礎技能

<支持的風土に満たされた本時の授業>
学習者に「スキル」に必要な新たなコツをつかませる的確なトレーニングができ、且つ、それ自体に学習者の意欲を喚起する要素のある学習活動
＋
形成的自己評価

<本時の授業以外の教育活動>
単元毎、あるいは学期毎に計画的に設定された、「スキル」とその他の関連するスキルとが連携した国語能力を用いる成功体験の機会

<学習者の内面>
○ある国語能力を構成する「スキル」
○学習活動への興味
○音読力・漢字力・語彙等の基礎技能

<学習者の内面>
○関連するスキルとの連携が強化された「スキル」
○「スキル」に対する強化された学びの ownership
○音読力・漢字力・語彙等の基礎技能

1 授業づくりの手順

フェイズ1 習得させようとするスキルの構造（what to teach）を具体的に把握する

　文学的文章を読む領域の重要なスキルの中で、特に、日本の教師たちが伝統的に重点を置いているものは学習指導要領の「C　読むこと」の各学年の「精査・解釈」の「学習過程」に属する項目でしょう。授業づくりをする際、このスキルを伸ばすために、まず、教師がしなければならないことは次のことです。

> **"読めない子"は本文のどこを読み流してしまうのかを見極める**

　"読めない子"というのは、「この作品を読んでも何の感動も感じない」という感想を持ってしまう学習者のことです。そのような学習者は、作者が、ここで立ち止まって場面の情景を想像したり登場人物の心情を推測してほしいと願いを込めた、「鍵となる場所」を、表面的な意味を理解しただけで読み流してしまうのです。

　ですから、教師はそのような学習者を、教材本文のどこで立ち止まらせて、どんな情景やどんな心情について、何を手がかりに想像・推測させることが重要なのか（習得させようとするスキルの構造）を具体的に見通し、そのような経験を重ねさせることが大切です。

　一方、次のようなものは立ち止まって考えるべきでないところ（以下NGポイント）です。

NGポイント1：その情景や心情を想像・推測しても、物語の感動に繋がらないところ
NGポイント2：その情景や心情を想像・推測しなくても、すでに文中に書いてあるところ
NGポイント3：その情景や心情を想像・推測したくても、その手がかりが乏しいところ

　これから学習者がどんな文学的文章に出会っても、感動を得るための「鍵となる場所」では立ち止まり、想像や推測をするようなくせ（スキル）を習得させることが、文学的文章の「精査・解釈」に属する項目を達成するための授業の一番の使命なのです。つまり、それが"読み取る力がついた"ということなのです。

　「でも、それだけでは、その教材文の内容を深く読み取らずに単元を終えてしまうのでは？」と心配になるとすれば、あなたは、まだ、日本の国語科指導の因習から抜け切れていません。先に述べたようなくせ（スキル）を習得した結果、教材文の内容を深く読み取ることができたのであれば、それに越したことはありません。しかし、それは、二次的な"おまけ"みた

いなものです。そもそも、読み取った内容（＝解釈）は個々の読み手の人生経験や価値感を反映するものなので、どれが深い解釈かなど限定することはできません。

　逆に「この時の主人公の気持ちは……でした。」と、教師が個人的に満足するような解釈がクラスで共有されたものの、個々の学習者が、自分で立ち止まるべき場所に気がつき、本文中に手がかりを探し、自身の経験と照らし合わせるなどして想像・推察するくせ（スキル）を習得していないとしたら、それこそが大問題です。

　さて、学習者を教材本文のどこで立ち止まらせて、どんな情景やどんな心情について、何を手がかりに想像・推測させるのかを明確に認識したら、次は、本時の最初に、学習者に提示する目当てを考えなければなりません。本書では、すべての具体事例に「〜できるか？」という形式で、それを示しています。このような形式の目当ての示し方は日本では見慣れませんが、「Literacyの方略」では授業の最初に“Can you 〜？”の形式で目当てを書くのが一般的です。その方が、授業の最後の形成的自己評価と対応しやすいからです。また、同じ理由から、目当ての文言は具体的で汎用的な内容でなくてはなりません。具体的でなければ、形成的自己評価の規準がなくなり、汎用的、つまり、次の学習や日常の言語活動に応用できる内容でなければ、次の学習に向けての課題も見えなくなってしまいます。

　例えば、次節の具体事例で紹介する「モチモチの木」の授業では、「外へ飛び出したときの豆太の様子を想像しよう」ではなくて、「登場人物の様子について、前の場面のそれと比べながら考えを持つことができるか？」となります。

フェイズ2　そのスキルの効果的な習得が可能な活動（how to teach）を編成する

　では、どうすれば、そのようなスキルが身に付くのでしょうか。活動を編成するときに重要なことは、そのスキルを確実にトレーニングができることは勿論、その活動自体に学習者の意欲を喚起する要素が含まれているかどうかということです。

　そもそも“読めない子”が文学的文章を読むことが大好きだというケースは少ないでしょう。ですから、活動自体に魅力がなくてはならないのです。重要なことは、「登場人物の心情が分かるところはどこですか？」とか「そこで登場人物はどんな気持ちになったでしょう？」等の発問をしないことです。なぜなら、それらの活動には、文学的文章を読むことが好きではない学習者にとって、何の必然性も、意欲を刺激する要素もないからです。

　では、どのような活動内容にすればいいのでしょう。極めて有効な手段として、次のことがあります。

> **学習者が思わずそこで立ち止まって考えるような、創作の喜びを伴う活動を考える**

　これは、特にイギリスの国語の授業ではよく用いられる手法です。[5]例えば、ある場面の登場人物の行動や心情を推測するトレーニングをするのであれば、次のような「創作の喜びを伴う活動」が考えられます。

○その登場人物になりきって、この日の日記を書く。

○その登場人物になりきって、誰かに向けた手紙を書く。（次項の具体例、「一つの花：フェイズ２」p.27、「海の命：フェイズ２」p.31 参照。）

○その登場人物の視座から一人称（「ぼくは〜」「私は〜」）でその場面を書き直す。（次項の具体事例、「海の命：フェイズ２」p.31 参照。）

○その場面を脚本に書き直す。（セリフの前に「〜な気持ちを込めて」等のト書きを入れる。）

○その登場人物になりきった学習者を前の椅子に座らせ、他の学習者からの質問に答えさせる。（Hot Seating と呼ばれる学習手法。Hot Seat に座る側、質問する側の双方にある程度の能力が求められる。どちらかの役を教師がやってもよい。）

○その場面のある瞬間の登場人物の表情と最も近いと思うものを、10 種類ほどの顔の表情アイコンの中から選ぶ。

また、ある場面の状況や情景を想像する（頭の中のスクリーンに描く）トレーニングをさせるのであれば、次のような「創作の喜びを伴う活動」が考えられます。

○その場面の様子を別の登場人物の視座で書き直す。

○その場面の情景をスケッチして、各部の説明を書き加える。（Labelling と呼ばれる学習手法。次項の具体事例、「スイミー：フェイズ２」p.21 参照。）

○その場面のワンシーンを学習者が体を用いて静止画で表現し、セリフを言う。（Freeze Frame と呼ばれる学習手法。次項の具体事例、「モチモチの木：フェイズ２」p.24 参照。）

○その場面を音読するときの BGM に相応しい効果音楽を、収録 CD の中から一つ選ぶ。

その他にも、物語の前半で登場人物の特徴を理解するトレーニングをするのであれば、プロフィールカードをつくったり、その登場人物を動物に例えたりするような「創作の喜びを伴う活動」も考えられます。また、物語の伝えているメッセージ（主題）をはっきりと捉えるトレーニングをするのであれば、物語の続きを同じ文体で創作する活動もいいでしょう。

すべての活動について、何を手がかりにそう演じたり、描いたり、書いたりしたのか、自らの言葉で語らせることが重要です。また、その活動の遂行が、クラス内の学習者の多くにとってやや難しいと判断したら、段階的に活動を分けたり、少し練習の時間をとったりすることもあります。

■フェイズ３■　そのスキルの習得の具合を自覚する機会を設定する

しかし、創作の喜びを伴う活動を設定しただけでは、学習者が真の学ぶ意欲を得ることを保証したことになりません。なぜなら、学習者が見せるであろう意欲は、教師が設定した活動に伴う創作の喜びによって喚起されたものにすぎないからです。つまり、学習者は文学的文章を方略を用いて（立ち止まるべきところで立ち止まって、想像や推測をしながら）読むことへの意欲を獲得したわけではないのです。ただ、活動そのものに魅力を感じているだけなの

です。バーベキューに例えるなら、創作の喜びは火を起こすための着火剤にすぎません。本当に求められるのは、次の文学作品に出会ったときに、習得したスキルを応用して豊かに読もうとする意欲の炎を自ら燃え上がらせるような種火を心の中に灯すことです。

　そのために、次のことをする必要があります。

> **授業毎の形成的自己評価の時間と当該授業以外の教育活動における成功体験の機会を保証する**

　毎時間の授業においては、授業の始めに「この時間で習得を目指すスキルは何か」を示し、授業の終わりには「自分はそのスキルをどれくらい習得できたのか」を自己評価させる時間を設ける必要があります。これを形成的自己評価といいます。

　また、単元毎、あるいは学期毎に、「習得したスキルを活かした読み方をすると胸にしみるなあ」というような実感を得る経験をさせる機会をつくります。文学的文章を取り扱う単元の学習の後で、習得したスキルを活かすことができる他の作品を読ませ、読めるようになってうれしいという経験を大いにさせると学びのownershipが育ちます。

2　具体事例

「スイミー」

レオ・レオニ、たにかわしゅんたろう　やく（光村図書・２年上／東京書籍・１年下）

フェイズ１　"読めない子"は本文のどこを読み流してしまうのかを見極める

　この教材文を取り扱う際に、対応する小学校学習指導要領「Ｃ　読むこと」の内容を「第１学年及び第２学年」の「エ　場面の様子に着目して、登場人物の行動を具体的に想像すること。」とします。これを踏まえて、この教材文を読むと、例えば、前半の「おそろしいまぐろ」が登場する場面は読み流されてしまいがちな「鍵となる場所」であることに気がつきます。

　物語の世界に引き込まれた読み手にとって、そこは一時的に現実の世界となります。この場所で、まぐろの襲来がいかにスイミーや小さな赤い魚たちにとって恐ろしいものであったのかが実感できれば、後半で、小さな魚のきょうだいたちが岩陰から出てこれない理由、みんなで大きな魚のふりをして泳ぐ練習をした彼らの勇気、さらに、大きな魚を追い出したときの喜び等を理解することができます。ですから、この場所はNGポイント１（感動に繋がらない）をクリアしています。

　次に、上記の場面には、スイミーや小さな赤い魚たちの恐怖を具体的に説明するような叙述はありません。しかしながら、「おなかを　すかせて」「すごいはやさで」「ミサイルみたいに」「つっこんで　きた」等の、その様子を想像・推察するに十分な手がかりは与えられています。ですから、NGポイント２（すでに文中に書いてある）とNGポイント３（手がかりが乏しい）

についてもクリアしているわけです。

　ここで、「小さな赤い魚たちの目にはまぐろはどのように見えただろう？また、どんな音を立てやって来たのだろう？その時、まぐろは何か言っただろうか？他の小さな赤い魚たちは？」等と考えさせるのです。ですから、学習者に提示する本時の目当ては「**登場人物が見たり聞いたり感じたりしたことを想像することができるか？**」となります。「まぐろにおそわれたときの赤い魚たちの気持ちを考えよう」などとしてはいけません。

■フェイズ2■ 学習者が思わずそこで立ち止まって考えるような、創作の喜びを伴う活動を考える

　先に示した場所に学習者を立ち止まらせ、想像の世界に引き込むにために、**小さな赤い魚たちの中の一人になったつもりで、その視座から見たまぐろや魚たちの様子をスケッチし、そのまわりに、各部の説明書きを書き込む（Labelling）という「創作の喜びを伴う活動」をさせます。まぐろと魚たちの声や聞こえてくる音等も書き込ませます。**

　しかし、いきなりこの活動をさせても、何も描くことができない学習者もいるはずです。

　そこで、まず、目をつぶらせて、「あなたは、小さな赤い魚たちの中の一人です。まぐろの姿を頭のスクリーンに映し出しながら聞きなさい。」と指示をして、教材文の冒頭から上記の場面までを教師が音読します。そして、次のような質問をしながら数人の学習者の意見を聞き出します。

　　○まぐろはどこから来た？上？下？右？左？正面？
　　○どんな口してた？目は？体は？
　　○まぐろは何か言った？他にどんな音が聞こえた？

　こうして、アイディアの交流ができたら実際に描き始めるように指示をします。教科書の挿絵を見ながら描かせると、せっかく、それぞれの学習者のスクリーンに映し出されたイメージが消えてしまうので注意が必要です。

　次は、実際に第二学年の子供がスケッチとLabellingした、この場面のまぐろと魚たちの様子です。

　その後で、各自の創作したものを学習者どうしで交流させます。特に、先述の手がかりとなる叙述を意識して描かれたと目される作品については、「どうしてこう描いた（書いた）の？」と全体の前でたずねるといいでしょう。すると、どのような叙述を手がかりに、どのようなアイディアを得られるのかが、みんなで共有されます。こうして様々なアイディアを全体で交流することは、学習者が、叙述を手がかりに想像や推測をすることを大いに促します。

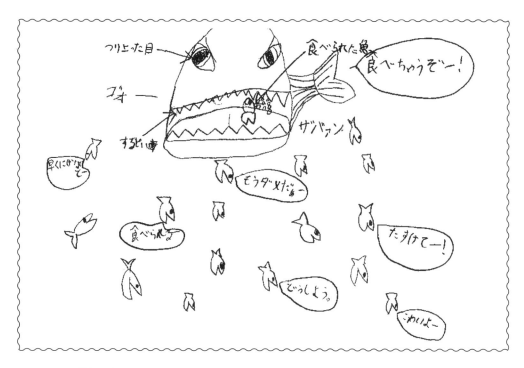

　しかし、「もっと、こんなことを描いた（書いた）方がいい」などという指示を出しては
いけません。教師の解釈に誘導して到達させることが目的ではないのです。あくまでそこに
立ち止まって、手がかりを基に考えるくせを身に付けさせることが目的であることを忘れて
はいけません。

フェイズ3　授業毎の形成的自己評価の時間と当該授業以外の教育活動における成功体験の機会を保証する

　授業の終わりには、この学習を通して、「登場人物が見たり聞いたり感じたりしたことを
想像すること」ができたかどうかを自分でふり返って、星五つのうち、いくつをつけること
ができるのかを記入させることにします。

　また、単元終了後には、例えば、レオ・レオニの他の作品をいくつも用意して、読み聞か
せ会などを行うことが考えられます。「せかい　いち　おおきな　うち」や「フレデリック」
には、登場人物の行動を五感を意識しながら推測したり、描写された情景を頭の中のスクリー
ンに描き直したりするスキルを要する「鍵となる場所」があります。読み聞かせる前や途中
でそのようなスキルを働かせるように促す言葉かけをしてあげるといいでしょう。

「モチモチの木」

斎藤隆介（光村図書・3年下／東京書籍・3年下）

フェイズ1 "読めない子" は本文のどこを読み流してしまうのかを見極める

　この教材文を取り扱う際に、対応する小学校学習指導要領「Ｃ　読むこと」の内容を「第3学年及び第4学年」の「エ　登場人物の気持ちの変化や性格、情景について、場面の移り変わりと結び付けて具体的に想像すること。」とします。これを踏まえて、例えば、次の「鍵となる場所」に目を付けます。

　　豆太は、小犬みたいに体を丸めて、表戸を体でふっとばして走り出した。

　これまでの豆太の様子を踏まえると、この場面の豆太の行動にはどのような意味があるのかを考えることで、その後の場面で起きる次の出来事の意味を理解することができます。

　　豆太は、小屋へ入るとき、もう一つ不思議なものを見た。
　　「モチモチの木に、灯がついている。」

　そう、読み手は、豆太が「勇気のある、たった一人の子ども」であることを、人知を越えた尊大な何かに認められたことを理解して心を動かされるでしょう。ですから、目を付けた場所はNGポイント1（感動に繋がらない）をクリアしています。

　勿論、「いくじなしのからいばりで、なさけなかった豆太が勇気を出して……」などという説明的な描写が本文に書かれていませんから、**NGポイント2**（すでに文中に書いてある）もクリアしていることは明白です。

　最後に、この場面のほぼ全ての叙述、並びに前の場面までに書かれていた豆太の様子を描いた叙述がこの場面の豆太の行動を意味づける手がかりになります。つまり、NGポイント3（手がかりが乏しい）もクリアしています。

　ここで、「その時の豆太の行動は実際にはどのようなものだったのか？そして、それは、これまでの豆太の様子からするとどのような意味があるのか？いったい何がそうさせるのか？」等と考えさせるのです。ですから、学習者に提示する本時の目当ては「**登場人物の様子について、前の場面のそれと比べながら考えを持つことができるか？**」とするとよいでしょう。これは、授業の最後に学習者が形成的自己評価をするときの規準になります。「外へ飛び出したときの豆太の様子を想像しよう」などとしてはいけません。

　学習者が思わずそこで立ち止まって考えるような、創作の喜びを伴う活
　　　　　　動を考える

　　**3人グループを作らせ、この「鍵となる場所」のシーンと、その直前と直後のシーンの豆
太の様子を、3人で分担して、動きのない3コマの静止画で演じる活動をすることを伝えま
す。続いて、それぞれの立ち位置や体勢や表情について3人で相談させます。また、そのと
き言ったと思われるセリフも考えさせます。**

　この活動のことをイギリスではFreeze Frameと呼び、お馴染みの学習活動として認知さ
れています。学習者が実際に自分の体を用いて表現することで、本文の叙述に思わず立ち返
ることを期待しているわけです。ですから、人物の様子について考えたり、相談したりする
ときには、必ず、教材本文を手に持たせておく必要があります。このとき、何度も本文を読
み込む学習者の姿が見られたなら、その活動は成功です。また、動画ではなく、静止画にす
ることで、演技を簡素化し、恥ずかしさを低減させることができます。

　準備ができたら、グループ毎に、次の要領で発表させます。うまく叙述を捉えているもの
については「どうしてそんな体勢なの？」や「どうしてそんなことを言ったの？」などと、
演技中に全体の前でたずねるといいでしょう。

　　〇合図1：直前のシーンの静止画
　　〇合図2：そのセリフ
　　〇合図3：このシーンの静止画
　　〇合図4：そのセリフ
　　〇合図5：直後のシーンの静止画
　　〇合図6：そのセリフ

　合図は教師が出しますが、リズムよく、スピード感を持ってやると効果的です。ですから、
クラス内の全グループを一斉に動かすのか、一グループずつ演じさせるのか、クラスの半分
が演じて残りの半分は見ることを交代でやるのか、クラスの実態に合わせて決める必要があ
ります。学習者が演じることに慣れていない場合、とても恥ずかしがることもあります。さ
らに、どのタイミングでFreeze Frameの演技中の学習者にインタビューをするのかも悩ま
しいところです。この授業を成立させるには、一定の学習集団の行動力と教師の指揮力が求
められます。

　次はFreeze Frameの演技の様子です。

　続いて、自分が想像したこのシーンの豆太の様子を踏まえ、今度は、**その様子を見ていたモチモチの木が一人称で語る形式で、本文の**「豆太は、真夜中にひょっと目を覚ました。＜中略＞でも、大すきなじさまの死んじまうほうが、もっとこわかったから、なきなきふもとの医者様へ走った。」**の場面を書き直す活動をさせます。**モチモチの木には不思議な力があり、この場面の全てを見ている設定にするといいでしょう。つまり、読者と同じ視座に立つのです。そして、本時の目当てに示された、「登場人物の様子について、前の場面のそれと比べながら考えを持つこと」がよくできている作品については、クラス全体の前で「どこを手がかりにそう考えたのか」とたずねるといいでしょう。そして、その考え方は本時の目当てを達成していると、大いに褒めてあげて下さい。

　例えば、次のようなモチモチの木の呟きが登場することが考えられます。

　○「おお、あのへなちょこだった豆太が、真っ暗やみへ、あんな勢いで飛び出してくるとは！これほど勇気がある子供だったとは知らなかった。」

　○「ふもとまではだしで行く気か？ふむ、あの顔には決意があふれているようじゃ。やっと、本当の豆太を見ることができた。それでこそ、あのおとうの息子だ。」

　このモチモチの木に語り直させる活動は、本時で取り扱う場面だけでなく、その前後の場面を通してやるようにすると、学習者はこの活動に慣れて作業がスムーズになります。

授業毎の形成的自己評価の時間と当該授業以外の教育活動における成功
体験の機会を保証する

　授業の終わりには、この学習を通して、「登場人物の様子について、前の場面のそれと比べながら考えを持つこと」ができたかどうかを自分でふり返って、星五つのうち、いくつをつけることができるのかを記入させることにします。

　また、単元終了後には、登場人物の様子が大きく変化するような物語作品を学級文庫にいくつも用意しておいて、一人読書の時間などに読むことができるようにするといいでしょう。読み終わったら、手作りの帯や主人公へのメッセージなどを書いて添付するようにさせます。もちろん、教師は、そこに登場人物の成長・変化について書かれた児童作品を全体に紹介してあげます。

「一つの花」

今西祐行（光村図書・4年上／東京書籍・4年上）

フェイズ1　"読めない子"は本文のどこを読み流してしまうのかを見極める

　「モチモチの木」の単元で紹介したFreeze Frameを導入した授業の成立には、教師と学習集団双方に、ある程度の、「創作の喜びを伴う活動」への慣れが必要であり、どのクラスでもうまくいくとは限りません。そこで、同じ、「登場人物の気持ちの変化や性格、情景について、場面の移り変わりと結び付けて具体的に想像すること」のスキルを習得するトレーニングを目的とした別の「創作の喜びを伴う活動」の事例を紹介します。この教材作品では、次の「鍵となる場所」に目を付けます。

　　お父さんは、プラットホームのはしっぽの、ごみすて場のようなところに、わすれられたようにさいていた、コスモスの花を見つけたのです。あわてて帰ってきたお父さんの手には、一輪のコスモスの花がありました。
　　「ゆみ。さあ、一つだけあげよう。一つだけのお花、だいじにするんだよう……。」
　　ゆみ子は、お父さんに花をもらうと、きゃっきゃっと、足をばたつかせてよろこびました。
　　お父さんは、それを見て、にっこり笑うと、何も言わずに汽車に乗って行ってしまいました。ゆみ子のにぎっている一つの花を見つめながら……。

　この場所は、まさにクライマックスのシーンですから、勿論、NGポイント1（感動に繋がらない）をクリアしています。

　お父さんのセリフと最後の文に「……」の叙述が登場します。何か重要なお父さんの思いが込められていることが窺えますが、その内容は書かれていません。学習者には、「お父さ

んは、どうして、ゆみ子に一輪のコスモスの花を渡したのか」、「ゆみ子のにぎっている一つの花を見つめながら汽車に乗って遠ざかるお父さんは何を考えていたのか」という疑問が残ったままです。ですから、NGポイント2（すでに文中に書いてある）もクリアしています。

　最後に、それを推測する手がかりは、前後の場面にいくつか存在していますのでNGポイント3（手がかりが乏しい）もクリアしています。

　学習者に提示する本時の目当ては、「**登場人物の心情について、前後の場面の叙述の内容と結び付けながら考えを持つことができるか？**」とするとよいでしょう。授業の最後に学習者が形成的自己評価をするときに「前後の場面の叙述の内容と結び付けながら」できたかどうかが、その規準になります。

フェイズ2　学習者が思わずそこで立ち止まって考えるような、創作の喜びを伴う活動を考える

　授業の最初に目当てを確認させたなら、この「鍵となる場所」を読ませ、次のような指示を出します。

　○お父さんは、家族と別れたこの日、汽車の中でゆみ子のお母さんへ手紙を書いたとします。あなたは、お父さんになったつもりで、その手紙を書いてください。ただし、その手紙の中で、「どうして、あの時、ゆみ子に一輪のコスモスの花を渡したのか」、「ゆみ子のにぎっている一つの花を見つめながら汽車に乗って遠ざかるとき、何を思っていたのか」を伝えることを条件にします。

　この活動にすぐに取りかからせても、学習者は食い入るように前後の場面から手がかりを探そうとするでしょう。活動に慣れるための練習や教師の支援をあまり必要としない、本教材との相性のよい優れた手法です。

　クラスの大半の学習者が、用紙の半分ほどを書いた頃を見計らって、本時の目当てに示された、「登場人物の心情について、前後の場面の叙述の内容と結び付けながら考えを持つこと」が机間指導中に確認できた作品をとり上げ、大いに褒めてあげて下さい。例えば、次のような内容が考えられます。

　○前の場面の次の叙述と結び付けて：

　　ゆみ子とお母さんのほかに見送りのないお父さんは、プラットホームのはしの方で、ゆみ子をだいて、そんなばんざいや軍歌の声に合わせて、小さくばんざいをしていたり、歌を歌っていたりしました。まるで戦争になんか行く人ではないかのように……。

↓

母さんへ

　　　　　　　　　　　　　　⋮

　あのとき、ぼくは、プラットホームのはしっぽにわすれられたようにさいていたコスモスの
花が、ちょうど、ぼくたち家族に少しだけ残った希望のように思えたんだよ。それで、ゆみ子
に「だいじにするんだよう。」と言ってわたしたんだ。よろこんでくれてよかった。

　　　　　　　　　　　　　　⋮

○前・後の場面の次の叙述と結び付けて：

〈前〉

　「この子は一生、みんなちょうだい、山ほどちょうだいと言って両手を出すことを知らずに
すごすかもしれないね。一つだけのいも、一つだけのにぎりめし、一つだけのかぼちゃのつ
け──。みんな一つだけ。一つだけのよろこびさ。いや、よろこびなんて、一つだってもらえ
ないかもしれない。いったい、大きくなって、どんな子に育つだろう。」

〈後〉

　でも、今、ゆみ子のとんとんぶきの小さな家は、コスモスの花でいっぱいに包まれています。

＜中略＞

「母さん、お肉とお魚と、どっちがいいの。」

↓

母さんへ

　　　　　　　　　　　　　　⋮

　汽車が遠ざかるとき、一つだけのよろこびしか知らないゆみ子が、いつか両手で持ちきれな
いくらい山ほどのよろこびをもらえるように願っていました。ぼくが帰って来れなくても、ど
うか、そんな家になるようによろしくたのむよ。

　　　　　　　　　　　　　　⋮

フェイズ3　授業毎の形成的自己評価の時間と当該授業以外の教育活動における成功
　　　　　　　体験の機会を保証する

　授業の終わりには、この学習を通して、「登場人物の心情について、前後の場面の叙述の
内容と結び付けながら考えを持つこと」ができたかどうか自分でふり返って、星五つのうち、
いくつをつけることができるのかを記入させることにします。さらに、自分が書いた"手紙"
の中で、最も誇りに思う一文に線を引かせます。

　また、単元終了後には、離れた場面の叙述を結び付けて解釈することで感動が深まるよう
な物語作品を学級文庫にいくつも用意しておいて、一人読書の時間などに読むことができる
ようにするといいでしょう。読み終わったら、手作りの帯や簡単な感想カード（書評）を書

いて教室内に掲示するようにさせます。この単元で習得したスキルを応用した内容の部分を
ハイライトしてあげて下さい。

「海の命」

立松和平（光村図書・6年／東京書籍・6年）

フェイズ１ "読めない子"は本文のどこを読み流してしまうのかを見極める

　この教材文を取り扱う際に、対応する小学校学習指導要領「Ｃ　読むこと」の内容を「第
５学年及び第６学年」の「エ　人物像や物語などの全体像を具体的に想像したり、表現の効
果を考えたりすること。」のうち、「人物像や物語などの全体像を具体的に想像すること」と
します。

　しかしながら、この教材作品の全体像を想像することは、経験の浅い読み手にとってはタ
フなようです。筆者の講義を履修している大学生でさえ、

　「クライマックスの場面で、太一はなぜ泣きそうになったのか？」

と、問われても、「分からない」と答える場合が多いのです。小学校６年生の教室で、この
場面に立ち止まって創作の喜びを伴う活動をさせようとしても十分には機能しない恐れがあ
ります。

　そこで、ここでは、もっと前の二つの「鍵となる場所」に着目した実践事例をそれぞれ提
案します。

　まず、一つ目です。

　　　父のもりを体につきさした瀬の主は、何人がかりで引こうと全く動かない。まるで岩のよう
　　な魚だ。結局ロープを切るしか方法はなかったのだった。＜場面Ⅰの終わり＞
　　　〈場面Ⅱの始まり〉中学校を卒業する年の夏、太一は与吉じいさに弟子にしてくれるようた
　　のみに行った。与吉じいさは、太一の父が死んだ瀬に、毎日一本づりに行っている漁師だった。

　場面Ⅰの終わりと場面Ⅱの始まりとの間に、実際にはあったはずのシーンの描写が欠如し
ていることにお気づきでしょうか。そう、太一と太一の母親が、父の亡骸に対面するシーン
です。学習者にここで立ち止まらせ、直接に書かれてはいないが、あったに違いないシーン
の様子を想像・推測させるのです。ここはNGポイント２（すでに文中に書いてある）をクリ
アしています。

　この活動を経ることで、クライマックスの場面の太一の心の葛藤を理解することができま
す。つまり、NGポイント１（感動に繋がらない）をクリアしています。

　具体的には、この時、太一は何を見て、何を聞き、何を考えたのかと考えさせるのです。

　その手がかりとして、この前・後に次のような叙述がありますので、NGポイント３（手

がかりが乏しい）をクリアしています。

〈前〉
　「ぼくは漁師になる。おとうといっしょに海に出るんだ。」
　子どものころから、太一はこう言ってはばからなかった。

〈後〉
　こうして太一は、無理やり与吉じいさの弟子になったのだ。

　ある日、母はこんなふうに言うのだった。
　「おまえが、おとうの死んだ瀬にもぐると、いつ言いだすかと思うと、私はおそろしくて夜もねむれないよ。おまえの心の中が見えるようで。」

　この魚をとらなければ、本当の一人前の漁師にはなれないのだと、太一は泣きそうになりながら思う。

　学習者に提示する本時の目当ては「**描かれていないシーンの状況や登場人物の心情を、他の場面の叙述と関連づけて想像・推測することができるか？**」となります。
　さて、二つ目に、次の「鍵となる場所」も読み流してはいけません。

　悲しみがふき上がってきたが、今の太一は自然な気持ちで顔の前に両手を合わせることができた。父がそうであったように、与吉じいさも海に帰っていったのだ。

　ここでは、なぜ、「今の太一は自然な気持ちで顔の前に両手を合わせることができた」のかの説明はありません。（NGポイント２をクリア）しかし、ここでそのことについて、自分なりの解釈ができていなければ、クライマックスで、太一が泣きそうになった理由を理解することができないでしょう。（NGポイント１をクリア）そのことについて、推測するための手がかりには、これより前に次のような叙述があります。（NGポイント３をクリア）

　太一はなかなかつり糸をにぎらせてもらえなかった。つり針にえさを付け、上がってきた魚からつり針を外す仕事ばかりだ。つりをしながら、与吉じいさは独り言のように語ってくれた。
　「千びきに一ぴきでいいんだ。千びきいるうち一ぴきをつれば、ずっとこの海で生きていけるよ。」

　でしになって何年もたったある朝、いつものように同じ瀬に漁に出た太一に向かって、与吉じいさはふっと声をもらした。そのころには、与吉じいさは船に乗ってこそきたが、作業はほ

とんど太一がやるようになっていた。

「自分では気づかないだろうが、おまえは村一番の漁師だよ。太一、ここはおまえの海だ。」

学習者に提示する本時の目当ては「**直接的には描かれていない登場人物の心情を、他の場面の叙述と関連づけて推測することができるか?**」となります。「○○の場面の太一の気持ちを想像しよう」などとしては、授業の最後に学習者が形成的自己評価するときの規準がなくなってしまいます。

フェイズ2 学習者が思わずそこで立ち止まって考えるような、創作の喜びを伴う活動を考える

一つ目の「鍵となる場所」では、学習者に、第Ⅰ場面と第Ⅱ場面の間、つまり、太一と太一の母親が、父の亡骸に対面するシーンを、太一の視座から一人称で創作させます。書き出しを教師が書いておいて、その続きを書くように指示をします。

次のような内容を書くことが考えられます。

> 連絡を受けたぼくとおかあが急いで港に駆けつけると、建物の一室におとうの亡きがらが横たえてあった。
> ぼくは、それを見たとたん、足が止まって動けなくなった。おかあは、おとうの横に座り込むとすがりついて大声を上げて泣いた。いつまでもいつまでも泣き続けた。
> 漁師仲間のおじさんが
> 「太一もおとうの顔を見てやれ。」
> と言ったけど、ぼくは動かなかった。悲しくてくやしくて動けなかった。気がつくと、あんまりくちびるを強くかんでいたから、血が出て、あごを伝って地面に落ちた。
> ぼくは泣かなかった。涙を流す代わりにこう誓った。
> 漁師になっておとうと海に出ることはもうできないんだ。それなら、おとうができなかったことを、代わりにぼくがやってやる。いつか、必ずそのクエを仕留めて、一人前の漁師になったことを証明してやるぞ。おとう、ぼくは絶対あきらめないから。

次に、二つ目の「鍵となる場所」で立ち止まらせる「創作の喜びを伴う活動」です。与吉じいさの葬儀があったはずですが、そこで、弟子の太一が弔辞を読み上げることは十分にあり得ます。そこで、学習者に太一になりきって弔辞を書くという活動をさせます。この時、次の内容をできるだけ具体的に書くように条件を出します。

○自分は与吉じいさに何を感謝しているのか。

○自分は与吉じいさからどんなことを学んだか。

○与吉じいさのおかげで自分の心はどのように変化したか。

次のような内容を書くことが考えられます。

与吉じいさへ

　これで、大切な人を亡くすのは二回目です。でも、あなたが死んで、こんなに悲しいのに、なぜか、おとうのときとは違って、心は落ち着いています。それは、きっと、あなたから大切なことを学んできたからでしょう。

　ぼくが弟子になったばかりのころ、あなたは、いつも「千びきに一匹でいいんだ。」と教えてくれましたね。今ならその意味が分かる気がします。あなたも、おとうも、ぼくも、魚たちも、みんな海に生かされている海の命なんですね。だから、海の命が続く限り、与吉じいさも近くにいる感じがしています。

　まだ、自分が一人前の漁師になったとは思えないけど、心から感謝しています。

あなたの弟子　太一より

どちらの活動においても、本時の目当てとして、「シーンの状況、または登場人物の心情を、他の場面の叙述と関連づけて想像・推測する」と提示してありますから、「フェイズ１」に示したような手がかりと結び付けて考えることができた学習者の作品は、全体に紹介してあげて下さい。そうして、「どうしてそう書いたの？」とたずねるといいでしょう。

こうして、様々な考えを全体で交流することは、学習者の想像や推測のスキルの習得を大いに促進します。

フェイズ3　授業毎の形成的自己評価の時間と当該授業以外の教育活動における成功体験の機会を保証する

授業の終わりには、本時の目当てに対して、自分の学習の成果をふり返って、星五つのうち、いくつをつけることができるのかを記入させることにします。さらに、自分が最も誇りに思う想像や推測を書き抜かせます。

また、単元の始めに、この教材文を一読後、次のような質問をして、答えを書き留めさせておきます。

○太一は瀬の主を前にしたとき、なぜ、泣きそうになったのだろうか？

そうしておいて、単元終了時、つまり、「直接的な叙述のない場面の登場人物の言動を物語全体のそれと関連づけて推測する」スキルをトレーニングする数時間の学習を終えた時点で、同じ質問をして答えを書かせ、最初に書いたものと比較させるのです。たとえ、同じ答えを書いたとしても、学習者はその手応えの確かさや厚みを実感するでしょう。

第Ⅳ章

説明的文章を読むスキルを
トレーニングする

1　授業づくりの手順

フェイズ1　習得させようとするスキルの構造（what to teach）を具体的に把握する

　説明的文章を読む領域の重要なスキルの中で、まず、その習得にねらいを絞った訓練が必要なものは学習指導要領の「C　読むこと」の各学年の「構造と内容の把握」の「学習過程」に属する項目でしょう。例えば、各形式段落が担った文章構成上の役割がわからなければ、各形式段落毎に、大切な言葉をさがしたり、小見出しをつけたり、要点をまとめたりできるはずがないからです。「大切な言葉」とは、最頻出の語句とは限りません。その段落が担った文書構成上の役割を象徴する語句のことです。

　授業づくりをする際、このスキルを伸ばすために、まず、教師が考えねばならないことは次のことです。

> **"読めない子"は本文のどんな構成に気づかずに読みなぞってしまうのかを見極める**

　"読めない子"というのは、全文を読み終わった後、「どんなことが書いてあった？」とたずねられても、短く、簡潔に、要領よく説明することができない学習者のことです。そのような学習者は、本文に書いてある情報を初めから順に全部取り入れようとしながら読みなぞってしまうのです。しかし、優れた読み手は、「ははあ、この筆者はこんなふうに文章構成を工夫して内容を伝えようとしているな。」と気づいて、自分の頭の中にその文章構成の整理棚をつくって、そこに情報を整理しながら読もうとします。それで、先ほどと同じようにたずねられたときにでも、整理された引き出しから必要な情報だけを取り出し、それらを組み合わせて要旨を話すことができるのです。

　ですから、まずは、教師自身が、その教材文の筆者がどのような文章構成上の工夫を施したのかを見極めなければなりません。そして、そのどこまでに、自分のクラスの学習者に気づいて読ませるのかを決定するのです。そうすることで、これからどんな説明的文章に出会っても、その文章構成の特徴とその背後にある筆者の意図に気づいて頭の整理棚をつくりながら読んでいくようなくせ（スキル）を身につけさせる活動を編成することができます。

フェイズ2　そのスキルの効果的な習得が可能な活動（how to teach）を編成する

　ここで重要なことは、単に本文のそれぞれの段落の要点をまとめさせたりしないことで

す。なぜなら、文章構成上の、それぞれの段落の役割や互いの関係性がはっきりしていない段階でそれらの要点など分かるはずがないのです。そして何より、それらの活動には学習者の意欲を刺激する要素がないからです。言うまでもなく、"読めない子"が、説明的文章を読むことが根っから好きだとか、その説明的文章のテーマや内容に大変興味があるというケースは少ないに違いありません。

　ではどのような活動を設定すればいいのでしょう。極めて有効な手段として、次のことがあります。

> **本文を不完全なものに変えた教材を提示し、本文の構成を手がかりにしてそれを修正させる活動を設定する**

　このことは筑波大学附属小学校の桂聖先生が、著書[6]の中で主張されています。教科書に掲載される説明的文章は、その文章構成や表現が極めて安定したおおよそ完全なものです。これをわざと崩した教材を提示することにより、学習者にはそれを完全で安定したものにしたいという欲求が生まれます。これは大人だって同じことですね。しかし、その欲求を満たすためには、どうしても文章の構成に注意を向けるしかない状況に学習者を誘うのです。例えば、次のような活動が考えられます。

○ある形式段落内の文をバラバラに切り分けたピースをもとの順番に並べ直す。（文パズルと筆者は呼んでいる。次項の具体事例、「じどう車くらべ：フェイズ2」p.36参照。）
○本文内のいくつかの段落をバラバラに切り分けたピースをもとの順番に並べ直したり、文章構成図の枠に当てはめたりする。（段落パズルと筆者は呼んでいる。次項の具体事例、「アップとルーズで伝える：フェイズ2」p.40参照。）
○文章構成の鍵となる語句を虫食いにした文章を、選択肢の中から語句を選んで、もとのように完成させる。（次項の具体事例、「時計の時間と心の時間：フェイズ2」p.46参照。）
○いくつかの形式段落（群）と、それぞれの段落の文章構成上の役割を表す言葉（段落の内容をまとめた小見出しではない）とを対応させる。（次項の具体事例、「イースター島にはなぜ森林がないのか：フェイズ2」p.48参照）。
○文章構成の鍵となる語句をわざと間違えた文章から間違いを探し出し、正しく修正する。

　しかしながら、意欲を喚起することだけにとらわれると「方法」という悪魔に取り憑かれてしまいます。習得させようとするスキル（文章の構造を見抜き、それを意識して情報を整理しながら読む）を確実にトレーニングできるかどうかという「目的」を必ず確認することが重要です。例えば、学習者が、内容的文脈や段落冒頭の接続語のつながりだけを手がかりに、与えられた教材を修正してしまうような活動では意味がありません。

フェイズ3 そのスキルの習得の具合を自覚する機会を設定する

　文学的文章を読むスキルをトレーニングするときと同じように、教師が学習者に"着火剤"

を与えて、それぞれの言語活動自体への興味を引き出したところで、それだけでは学習者が真の学ぶ意欲を獲得したことになりません。学習者は、説明的文章を、方略を用いて（文章の構造に気づいて内容を整理しながら）読むことへの意欲を獲得したわけではないのです。ただ、不完全なものを完全にする活動そのものに魅力を感じているだけなのです。ここでも、本当に求められるのは、次の説明的文章作品に出会ったときに、まずは文章の構造を見極めようとする意欲の"種火"を心の中に灯すことです。

そのために、次のことをする必要があります。

> **授業毎の形成的自己評価の時間と当該授業以外の教育活動における成功体験の機会を保証する**

毎時間の授業においては、授業の始めに「この時間で習得を目指すスキルは何か」を示し、授業の終わりには「自分はそのスキルをどれくらい習得できたのか」を自己評価させる時間を設ける必要があります。

また、単元毎、あるいは学期毎に、「ああ、こんな読み方をすると内容がよく頭の中に入ってくるなあ」というような実感を得る経験をさせる機会をつくります。説明的文章を読むスキルをトレーニングする単元の学習の前に、教材文とは別の、同じような文章構成の特徴を持った説明的文章を要約しておいて、単元終了時に、同じ文章をもう一度要約する等の活動を経験させることで、自分の内容把握の能力が向上的に変化したことを実感させると効果的です。

2　具体事例

「じどう車くらべ」
（光村図書・1年下）

※本教材の内容や文章構成がよく似ている教材が東京書籍（1年下）の「いろいろなふね」です。以下の授業作りのアイディアは、そのまま、「いろいろなふね」に応用することができます。

フェイズ1　"読めない子"は本文のどんな構成に気づかずに読みなぞってしまうのかを見極める

この教材文を取り扱う際に、対応する学習指導要領「C　読むこと」の内容を「第1学年及び第2学年」の「ア　時間的な順序や事柄の順序などを考えながら、内容の大体をとらえること。」とします。ここで言う「事柄の順序」とは、それらの事柄がどのような規則性をもって編成されているかということです。これを踏まえてこの教材文を読むと、次の四つの「事柄の順序」に気がつきます。

①話題提示の後、「問い」が示され、「問い」の答えに当たる三つの事例が書かれている。

②それぞれの事例（バスやじょうよう車・トラック・クレーン車）は学習者の生活に馴染みの
　ある順に書かれている。

③それぞれの事例毎に「しごと」→「つくり1」→「つくり2」の順序で説明している。

④それぞれの事例の「つくり1」と「つくり2」は、「しごと」の内容に直結する順に書か
　れている。

　これらの「事柄の順序」のどこまでに気づいて読むことを期待するのかを、教師は決断し
なければなりません。「③」までは気づいて読むようにさせたいものです。学習者に提示す
る本時の目当ては「**三つのじれいのそれぞれに書かれたことがらは、どんなじゅんじょでせ
つ明されているかを考えながら読むことができるか？**」とするとよいでしょう。

フェイズ2　本文を不完全なものに変えた教材を提示し、本文の構成を手がかりにし
　　　　　　　て修正させる活動を設定する

　ここでは、「文パズル」が有効と思われます。「バスやじょうよう車」と「クレーン車」の
事例は示しておいて、真ん中の「トラック」の三つの文を、次のようにバラバラのピースに
切り分けておいて、正しい順序に並べさせるのです。

その　ために、うんてんせきの　ほかは、ひろい　にだいに　なっています。

おもい　にもつを　のせる　トラックには、タイヤが　たくさん　ついて　います。

トラックは、にもつを　はこぶ　しごとを　して　います。

　学習者は、前後の二つの事例に共通する「事柄の順序」に気づかなければ正しく並べ直す
ことができないので、そこへ目を向けるようになるというわけです。

　もう一つの方法は、三つの事例の本文にある　その　ために　を虫食いにして、そこに
当てはまる共通する言葉を考えさせることも効果的です。「しごと」→「つくりi」→「つ
くり2」の順序のパターンでそれぞれの事例の段落が構成されていることに気がつかなけれ
ばそれができないからです。

　いずれの活動を選択するにせよ、ここで一連の学習を終わってはいけません。学習の目当
ては「三つのじれいのそれぞれに書かれたことがらは、どんなじゅんじょでせつ明されてい
るかを考えながら読むことができるか？」でした。このままでは、「それぞれの段落に書か
れた事柄の順序に気づく」ためのトレーニングはしましたが、「それを考えながら読む」こ
とまでのトレーニングはできていません。つまり、学習者の将来における言葉を媒体とした
生活に生きてはたらく「読むこと」のスキルとしては中途半端なままです。

　そこで、学習者の座席の列ごとに、各事例の「しごと」が書かれた文を声に出して読む列と、
「つくり1」を声に出して読む列と、「つくり2」を声に出して読む列を指定して、「話題提示」
と「問い」の段落を教師が読んだ後に続けて群読をさせるのです。かなり難しい作業になり

ますが、繰り返すうちに、「事柄の順序を考えながら読む」ことの意味さえ理解できていなかった学習者も、だんだんそれに慣れてきます。

フェイズ3 授業毎の形成的自己評価の時間と当該授業以外の教育活動における成功体験の機会を保証する

　授業の終わりには、この学習を通して、三つの事例を説明しているそれぞれの段落が、同じ「事柄の順序」に沿って書かれていることに気がついて読むことができたかどうかを自分でふり返って、星五つのうち、いくつをつけることができるのかを記入させます。

　最後に、教科書にも紹介してあるように、別の事例（例えば消防車や救急車など）を取り上げて、それぞれの「しごと」や「つくり」に関する情報を与えた後に、教科書の本文のそれぞれの事例に書かれた事柄と同じ順序で説明の文章を書かせる活動をさせると効果的です。学習者は「しごと」→「つくり1」→「つくり2」の順で新たな事例を説明することができ、順序に気をつけて読んだり書いたりすることのよさを実感するでしょう。

「たんぽぽ」

ひらやまかずこ（東京書籍・2年上）

フェイズ1 "読めない子"は本文のどんな構成に気づかずに読みなぞってしまうのかを見極める

　この教材文を取り扱う際も、前事例の「じどう車くらべ」と同様に、対応する学習指導要領「C　読むこと」の内容を「第1学年及び第2学年」の「ア　時間的な順序や事柄の順序などを考えながら、内容の大体をとらえること。」としますが、今回は、「事柄の順序」ではなく、「時間的な順序」に着目する必要があります。しかし、ここで言う「時間の順序を考えながら読む」とはどういうことでしょうか。

　文部科学省が出した『小学校学習指導要領解説』を読んでも詳しい説明はありません。教科書には、「時間のじゅんじょにそって書かれているときは、時をあらわすことばに気をつける」と示されていますが、すらすらと音読できる基礎技能があれば、通常、説明的文章に書かれている事柄は時間的順序にそって書かれていますから、はじめから読みなぞっていけば書かれた内容の時間的な順序を理解することはできます。では、取り立てて「時間の順序を考えながら読む」ためのスキルをトレーニングする必要はないということでしょうか。

　例えば、「たんぽぽ」の本文を何度か音読、または黙読させた後に、「たんぽぽの花がしぼんだ後、どのようになりますか。順序よく説明しなさい。」と学習者に指示をしたとします。そうすると、全員が同じような音読の基礎技能を持った集団だったとしても、適切に答えることができる学習者とそうでない学習者が現れるでしょう。答えることができない学習者、つまり、"読めない子"は、なぜ答えられないのでしょう。

それは、やや複雑な順序で変化するそれぞれの事柄が、どのような機能的関連を持ってつながっているのかを理解しようとせずに読みなぞったからだと考えることができます。

このような分析を踏まえてこの教材文を読むと、次のような順序で変化する理由（機能的関連）に気がつきます。

①みが　じゅくすまで、花の　くきは、ひくく　たおれています。（むだなエネルギーをつかわないため。）

↓

②みが　じゅくして　たねが　できると、くきは　おき上がって、たかく　のびます。
　（わた毛に風がよく当たるようにするため。）

↓

③わた毛が　ひらきます。（風にふきとばされやすくするため。）

↓

④わた毛が　土に　おちると、わた毛に　ついて　いる　たねが、やがて　めを　出します。（風にのってとおくまで行くだろう。）

ですから、学習者に提示する本時の目当ては「**なぜそのようなじゅんじょでへんかするのかを考えながら読むことができるか？**」とするとよいでしょう。

フェイズ2　本文を不完全なものに変えた教材を提示し、本文の構成を手がかりにして修正させる活動を設定する

ここでは、「挿絵の並べ替え」が有効と思われます。 教科書には「①」の記述に対応している挿絵だけが掲げられています。教師が「②」～「④」の記述についても、挿絵を描き、「①」～「④」の挿絵カードを準備し、「ウ」・「エ」・「イ」・「ア」のように記号をランダムに付けておきます。それぞれの挿絵カードの下には、次のような質問が添えられています。

ウ	エ
①の挿絵	②の挿絵
○どうして、花のくきがひくくたおれているのか？	○どうして、花のくきがおき上がって高くのびているのか？

イ	ア
③の挿絵	④の挿絵
○どうして、わた毛がひらいているのか？	○わた毛が落ちたところは、どのへんだろう？

　本文を音読する練習を十分に行った後、本文を見ないようにしてそれぞれのカードの質問に答えを書き込み、4枚の挿絵カードを並べ替えさせるのです。その後、グループや全体で、学習者たちに、なぜそのように並べたのか、自分の考えを交流させます。

　ここで一連の学習を終わってはいけません。学習の目当ては「花がしぼんでから、たんぽぽがそのようなじゅんじょでへんかするわけを考えながら読むことができるか？」でした。このままでは、「たんぽぽがそのようなじゅんじょでへんかするわけ」には気がつきましたが、「それを考えながら読む」ことまでのトレーニングはできていません。つまり、学習者の将来における言葉を媒体とした生活に生きてはたらく「読むこと」のスキルとしては中途半端なままです。

　そこで、学習者に、本文の該当部分の一斉音読をさせます。そのとき、今、読んでいる部分に対応する挿絵カードを指で押さえながら音読するように指示をします。そのことによって、学習者は、そのような時間的順序で並んだ事柄の機能的関連を意識しながら読むクセが身についてきます。

■フェイズ3　授業毎の形成的自己評価の時間と当該授業以外の教育活動における成功体験の機会を保証する

　授業の終わりには、この学習を通して、目当てである、「花がしぼんでから、たんぽぽがそのようなじゅんじょでへんかするわけを考えながら読むこと」がどれくらいできたかを自分でふり返って、星五つのうち、いくつをつけることができるのかを記入させることにします。

　長いスパンで考えるなら、教師が、遊び方を書いた簡単な説明書を準備して、そこに書かれた順序にそって、ゲームをする体験をさせる機会を設けます。もっとゲームを面白くするために説明書を書き直すことにチャレンジさせると、相手にうまく伝えるために、さらに、機能的関連を意識するようになるでしょう。

「アップとルーズで伝える」

中谷日出（光村図書・4年上）

フェイズ1 "読めない子"は本文のどんな構成に気づかずに読みなぞってしまうのかを見極める

　この教材文を取り扱う際に、対応する学習指導要領「C　読むこと」の内容を「第3学年及び第4学年」の「ア　段落相互の関係に着目しながら、考えとそれを支える理由や事例との関係などについて、叙述を基に捉えること。」とします。すると、教師は、本教材文の次のような「段落相互の関係」、つまり、それぞれの形式段落が文章全体の構成要素としてどのような役割を果たしているのかに気が付く必要があります。

【段落相互の関係図】

　このような段落相互の関係に気が付いて情報を整理しながら読むスキルを伸ばすことが授業の目標（what to teach）になります。ですから、学習者に提示する学習の目当ては「**それぞれの段落の役割を考えながら読むことができるか？**」となります。

フェイズ2 本文を不完全なものに変えた教材を提示し、本文の構成を手がかりにして修正させる活動を設定する

　A～Eの7枚のピースを、文章構成図の枠だけが書かれた台紙に当てはめて、次のような文章構成図を完成させるのです。ただし、上記の「段落相互の関係図」を手がかりとして示しておくとともに、第1段落（どう入1）だけは、ルールを理解しやすいように予め台紙に記入しておきます。

【文章構成図】

テレビでサッカーの試合を放送しています。今はハーフタイム。もうすぐ後半が始まろうとするところで、画面には会場全体がうつし出されています。両チームの選手たちは、コート全体に広がって、体を動かしています。観客席はほぼまんいんといっていいでしょう。おうえんするチームの、チームカラーの洋服などを身に着けた人たちでうまっています。会場全体が、静かに、こうふんをおさえて、開始を待ち受けている感じが伝わります。

Gいよいよ後半が始まります。画面は、コートの中央に立つ選手をうつし出しました。ホイッスルと同時にボールをける選手です。顔を上げて、ボールをける方向を見ているようです。

D初めの画面のように、広いはんいをうつすとり方を「ルーズ」といいます。次の画面のように、ある部分を大きくうつすとり方を「アップ」といいます。何かを伝えるときには、このアップとルーズを選んだり、組み合わせたりすることが大切です。アップとルーズでは、どんなちがいがあるのでしょう。

Cアップでとったゴール直後のシーンを見てみましょう。ゴールを決めた選手が両手を広げて走っています。ひたいにあせを光らせ、口を大きく開けて、全身でよろこびを表しながら走る選手の様子がよく伝わります。しかし、このとき、ゴールを決められたチームの選手は、どんな様子でいるのでしょう。それぞれのおうえん席の様子はどうなのでしょう。走っている選手いがいの、うつされていない多くの部分のことは、アップでは分かりません。

A試合終了直後のシーンを見てみましょう。勝ったチームのおうえん席です。あちこちでふられる旗、たれまく、立ち上がっている観客と、それに向かって手をあげる選手たち。選手と応援した人たちが一体となって、しょうりをよろこび合っています。ルーズでとると、広いはんいの様子がよく分かります。でも、各選手の顔つきや視線、それから感じられる気持ちまでは、なかなか分かりません。

Bこのように、アップとルーズには、それぞれ伝えられることと伝えられないことがあります。それで、テレビでは、ふつう、何台ものカメラを用意していろいろなうつし方をし、目的におうじてアップとルーズを切りかえながら放送をしています。

F写真にも、アップでとったものとルーズでとったものがあります。新聞を見ると、伝えたい内容に合わせて、どちらかの写真が使われていることが分かります。紙面の広さによっては、それらを組み合わせることもあります。取材の時には、いろいろな角度やきょりから、多くの写真をとっています。そして、その中から目的にいちばん合うものを選んで使うようにしています。

E同じ場面でも、アップとルーズのどちらで伝えるかによって伝わる内容がかわってしまう場合があります。だからこそ、送り手は伝えたいことに合わせて、アップとルーズを選んだり、組み合わせたりする必要があるのです。みなさんも、クラスの友達や学校のみんなに何かを伝えたいと思うことがあるでしょう。そのときには、ある部分を細かく伝える「アップ」と、広いはんいの様子を伝える「ルーズ」があることを思い出しましょう。そうすることで、あなたの伝えたいことをより分かりやすく、受け手にとどけることができるはずです。

グループごとに文章構成図を完成させたら、なぜそのようにしたのか、理由をたずねます。そうすると、学習者によっては、接続語や内容のつながりのみに着目した意見を述べることがあります。例えば、次のような意見が出された場合は、本時の目当てを示して、段落の役割を根拠にして理由を考え直すように指示をすることが大切です。

○最初の段落にハーフタイムのことが書いてあって、Gには「後半が始まる」とあるから「②」に当てはまるのではないか。
○Bのピースの書き出しは『このように』だから、最後にくるのではないか。

　一方で、次のような発言は目当てに沿って考えられたものと判断できます。大いに褒めてあげてください。

○Gには「アップ」という言葉も「ルーズ」という言葉を使わないで説明しているので「導入部分」ではないか。
○Dにタイトルである「アップ」と「ルーズ」という言葉が、「　」つきで登場し、さらに、段落の最後の文の文末が「……、どんなちがいがあるのでしょう。」だから、「話題のしょうかいと問いかけ」ではないか。
○「C」と「A」には、「D」で問うているアップとルーズのちがいが書いてあるので、「問いの答え1」と「問いの答え2」ではないか。

　さて、ここで一連の学習を終わってはいけません。これまでに2〜3単位時間を費やすことも十分にあり得ますが、一連の学習の目当ては「それぞれの段落の役割に気づいて読むことができるか？」でした。このままでは、「それぞれの段落の役割に気づく」ためのトレーニングはしましたが、「それを考えながら読む」ことまでのトレーニングはできていません。
　そこで、次のような活動を設定します。先の「段落の役割」を一つずつ書いた大きなカードを各グループに2まいずつ配り、それに対応する本文の段落を各グループに担当させて全文を群読させるのです。それぞれのグループの誰かが出遅れることのないよう、始める前にグループ毎に打ち合わせの時間をとります。カードには「段落の役割」のみを記入してあり、段落の番号を、自分が読むパートを認識するための手がかりにできないようにする必要があります。勿論、「どう入1」と「まとめ」は認識が容易ですので、ここは教師が読むことにしてもかまいません。一度、全文を音読したら、各グループのカードを交換して、2回目をすることもできます。
　こうして、効果的な「それぞれの段落の役割を考えながら読むこと」のトレーニングが実現します。

フェイズ3　授業毎の形成的自己評価の時間と当該授業以外の教育活動における成功体験の機会を保証する

　この授業のまとめとして、「何かを伝えたいと思うときは、ある部分を細かく伝えるアップと、広いはんいの様子を伝えるルーズがあることを思い出して工夫すると、伝えたいことをより分かりやすく、受け手にとどけることができる。」などと提示してしまったら台無し

です。大切なことは、毎時間の最後に形成的自己評価の時間をとり、「それぞれの段落の役割を考えながら読むこと」について、本時の自分の学びに満足しているか、不満が残るとすれば、それは何か（例えば、段落の役割を見抜くことなのか、段落の役割を意識しながら読むことなのか。）をはっきりと自覚させることです。

また、本時を含む一連の学習の前に、全文を30秒間で要約して隣の人に説明する活動をさせておいて、本時終了後にもう一度同じ活動をさせるとよいでしょう。自分が「それぞれの段落の役割を考えながら読む」スキルを習得したことで、要約という作業の手応えに変化が生まれているはずです。ひょっとすると、より難しくなったと感じる学習者がいるかもしれません。でも、それは説明的文章を読む際の意識が向上したからであり、継続すれば素晴らしい読み手になることができることを伝えてあげて下さい。その上で、各形式段落の役割を付箋紙に書いて、対応する本文の段落の上に貼らせ、それを意識しながらもう一度説明してみると要約がしやすくなることを実感させてあげてください。

「ヤドカリとイソギンチャク」

武田正倫（東京書籍・4年上）

フェイズ1 "読めない子"は本文のどんな構成に気づかずに読みなぞってしまうのかを見極める

この教材文を取り扱う際も、対応する学習指導要領「C　読むこと」の内容を「第3学年及び第4学年」の「ア　段落相互の関係に着目しながら、考えとそれを支える理由や事例との関係などについて、叙述を基に捉えること。」とします。すると、教師は、本教材文の次のような「段落相互の関係」、つまりそれぞれの形式段落が、文章全体の構成要素としてどのような役割を果たしているのかに気が付く必要があります。

【段落相互の関係図】

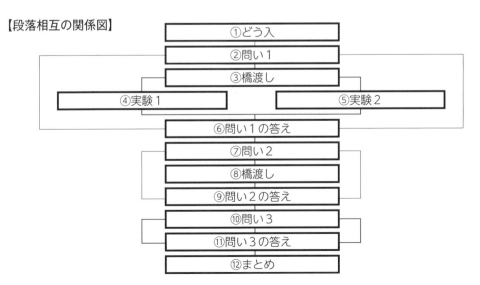

このような段落相互の関係に気が付いて情報を整理しながら読むスキルを伸ばすことが授業の目標（what to teach）になります。ですから、学習者に提示する学習の目当ては「**それぞれの段落の役割を考えながら読むことができるか？**」となります。

フェイズ2 本文を不完全なものに変えた教材を提示し、本文の構成を手がかりにして修正させる活動を設定する

本文全体を手がかりに、次のような手法のいずれかを用いて、上の段落相互の関係図を完成させます。

○それぞれの段落の役割が書かれたピースを、「段落相互の関係図」の枠に段落番号だけが書かれた台紙に当てはめさせる。ただし、「③橋渡し」と「⑧橋渡し」だけはその役割の理解が難しいので、予め台紙に記入しておいてその意味を説明する。

○「段落相互の関係図」の①〜⑫の役割のいくつかを虫食いにしておいて、自分の言葉で書き込ませる。

○「段落相互の関係図」の①〜⑫の役割のいくつかをわざと間違えておいて、自分の言葉で修正させる。

まずは個人で取り組ませるなら、その後にペアやグループで考え方を共有させることが大切です。さらに、全体の場で数人に意見を出させ、なぜそのようにしたのか、理由をたずねます。このとき、教師自身がその理由を簡潔に説明できないような部分についてはたずねてはなりません。学習者が自分の意見を主張するために掲げるであろう理由の、少なくとも2種類を教師自身が思いつく部分についてのみ、意見を出させます。

例えば、「④」と「⑤」を、虫食いにして、それぞれに「実験1」「実験2」と言葉を入れる理由には次の2種類が考えられます。

●直前の「③」の段落に「次のような実験をしました」とあるから。

●関係図には「④」「⑤」の段落が横並びになっているので、「1」と「2」という言葉を用いた。

ここで、一連の学習を終わってはいけません。2〜3単位時間にわたることも十分にあり得ますが、一連の学習の目当ては「それぞれの段落の役割に気づいて読むことができるか？」でした。このままでは、「それぞれの段落の役割に気づく」ためのトレーニングはしましたが、「それを考えながら読む」ことまでのトレーニングはできていません。

そこで、次のような活動を設定します。先の段落相互の関係図に当てはめたピースをいったん外してバラバラに並べ、一斉音読をしながら、段落相互の関係図の枠の中に、今読んでいる段落のピースを戻していくのです。ピースの束を二分して、ペアで一つの段落相互の関係図を完成させても面白いです。

こうして、効果的な「それぞれの段落の役割を考えながら読むこと」のトレーニングが実

現します。

授業毎の形成的自己評価の時間と当該授業以外の教育活動における成功体験の機会を保証する

　この授業のまとめとして「ヤドカリとイソギンチャクは、たがいに助け合って生きているのです。」などと提示してしまったら台無しです。大切なことは、毎時間の最後に形成的自己評価の時間をとり、「それぞれの段落の役割を考えながら読むこと」について、本時の自分の学びに満足しているか、不満が残るとすれば、それは何か（例えば、段落の役割を見抜くことなのか、段落の役割を意識しながら読むことなのか。）をはっきりと自覚させることです。

　また、この単元の本時を含む一連の学習の前に、東京書籍の教科書（三上）に掲載の説明的文書教材である「自然のかくし絵」の全文を30秒間で要約して隣の人に説明する活動をさせておいて、この単元終了後にもう一度同じ活動をさせます。難しいと感じる学習者には、「どう入」（①②段落）、「問い１」（③段落）、「問い１の答え」（④⑤⑥⑦段落）、「問い２」（⑧段落）、「問い２の答え」（⑨⑩⑪段落）、「まとめ」（⑫段落）の六つの役割を書いた付箋紙を、本文のそれぞれに該当する段落群のはじめの段落の上に貼り付けさせて、それを意識しながら内容を整理、要約して説明するように伝えます。繰り返し練習させることで、学習者は、徐々にスムーズにできるようになっていることを実感できるでしょう。

「時計の時間と心の時間」

一川誠（光村図書・６年）

"読めない子" は本文のどんな構成に気づかずに読みなぞってしまうのかを見極める

　この教材文を取り扱う際に、対応する学習指導要領「Ｃ　読むこと」の内容を「第５学年及び第６学年」の「ア　事実と感想、意見などとの関係を叙述を基に押さえ、文章全体の構成を捉えて要旨を把握すること。」とします。すると、教師は、本教材の次のような文章全体の構成に気が付く必要があります。

【段落相互の関係図】

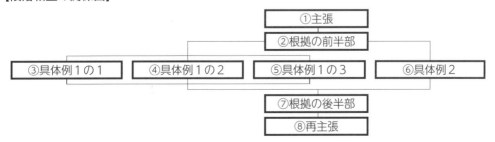

つまり、このような事実と感想、意見などとの関係に気が付いて文章全体の構成を捉えながら読むスキルを伸ばすことが授業の目標（what to teach）になります。ですから、学習者に提示する本時の目当ては「**文章全体の構成を考えながら読むことができるか？**」となります。

フェイズ2　本文を不完全なものに変えた教材を提示し、本文の構成を手がかりにして修正させる活動を設定する

　上記の文章構成図を見るとわかるように、「具体例」を説明している段落は全部で四つあり、それらは大きく二つに分けることができます。「心の時間」はさまざまな事がらのえいきょうを受けて進み方がかわるという特性の具体例を説明したものが③④⑤の三段落、人によって「心の時間」の感覚がちがうという特性の具体例を説明したものが⑥の一段落です。このことは②段落の最後に、

　　「心の時間」には、さまざまな事がらのえいきょうを受けて進み方が変わったり、人によって感覚がちがったりする特性があるのです。

の一文があることによって判断できます。また、⑦段落の冒頭に、

　　ここまで見てきたように、「心の時間」は、心や体の状態、身のまわりの環境などによって、進み方がちがってきます。また、私たちはそれぞれにちがう『心の時間』の感覚を持っています。

とあることからも判断ができます。
　そこで、**②と⑦の段落を、その両方に共通して用いられている　進み方　と　感覚　という言葉を虫食いにして提示し、当てはまる言葉を考えさせるという活動を設定します**。これら二つの言葉は、それぞれに③④⑤の段落と⑥の段落に登場します。上記の図に示した文章構成を把握しない限り、穴埋めは難しいでしょう。勿論、活動の前には、文章構成を手がかりにするようにアドバイスをしておきます。解決に、強く困難を感じる学習者に対しては、文章構成図そのものをヒントとして与えることもあるでしょう。
　さて、本単元においても、このままでは、「それぞれの段落の構成に気づく」ためのトレーニングをしただけで、「それを考えながら読む」ことまでのトレーニングはできていません。そこで、今回も、グループ毎に担当する段落を指定して群読をさせます。勿論、文章構成上の役割で指定することも同じです。

フェイズ3　授業毎の形成的自己評価の時間と当該授業以外の教育活動における成功体験の機会を保証する

　毎時間の最後に、形成的自己評価の時間をとることは、高学年の授業でも同じです。
　また、単元での一連の学習を終えた後、「教材本文全体の内容を要約して、１分間で隣の

友達に伝えなさい。」と指示をします。大人にとってもなかなかタフな仕事です。多くの学習者は、自らの仕事のできに満足はしないでしょう。

　そこで、今度は先に学習した、各形式段落の役割を付箋紙に書いて、対応する本文の段落の上に貼るように指示します。それを意識しながら内容を整理、要約しながらもう一度１分間で伝えることにチャレンジさせると、驚くほどスムーズにできてしまいます。

　これによって「事実と感想、意見などとの関係」を見極め、それを意識しながら読むと要旨を把握しやすくなることを実感させるのです。さらに、文章構成が明瞭で適度に複雑な説明的文章をいくつも準備して、その文章構成図と一緒に提示したり、本文の各段落に文章構成上の役割を書いた付箋紙を貼り付けたりしながら、要約して伝える活動を繰り返すようにすると、学習者は自分の実力が上がってきたことを実感できるでしょう。

「イースター島にはなぜ森林がないのか」

鷲谷いづみ（東京書籍・６年）

フェイズ１　"読めない子"は本文のどんな構成に気づかずに読みなぞってしまうのかを見極める

　この教材文を取り扱う際に、対応する学習指導要領「Ｃ　読むこと」の内容を「第５学年及び第６学年」の「ア　事実と感想、意見などとの関係を叙述を基に押さえ、文章全体の構成を捉えて要旨を把握すること。」とします。

　本教材文は形式段落が27個もありますので、これまでのように、それぞれの形式段落に文章構成上の役割の振り分けて「段落相互の関係図」を作成することには無理があります。そこで、27個の形式段落を八つの大段落に整理し、それぞれに文章構成上の役割を振り分けて「段落相互の関係図」を作成すると、学習者に気づかせるべき教材文の構成が見えてきます。教師は、本教材の次のような文章全体の構成に気が付く必要があります。

【段落相互の関係図】

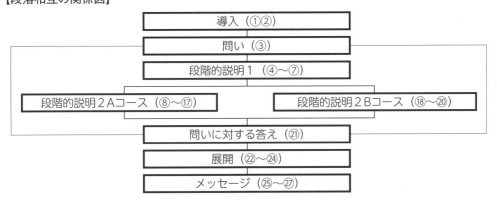

つまり、このような事実と感想、意見などとの関係に気が付いて文章全体の構成を捉えながら読むスキルを伸ばすことが授業の目標（what to teach）になります。ですから、学習者に提示する本時の目当ては「**文章全体の構成を考えながら読むことができるか？**」となります。

フェイズ2　本文を不完全なものに変えた教材を提示し、本文の構成を手がかりにして修正させる活動を設定する

　本教材文を用いると、書かれている内容を大きく捉えながら、大段落どうしの関係性を見極めるトレーニングをすることができます。

　そこで、上記の「段落相互の関係図」のそれぞれの大段落の役割内の（　）の中を空欄にして学習者に提示し、その中に形式段落の番号を入れて「段落相互の関係図」を完成させるように指示します。

　学習者集団の実態に応じて、次のようにして活動の難易度を調節することができます。

○「導入」と「メッセージ」の大段落だけに形式段落の番号を予め入れておいてから提示する。（難易度が高い）

○「導入」「問い」「問いに対する答え」「展開」「メッセージ」の大段落には形式段落の番号を予め入れておいてから提示する。つまり、「段階的説明1」「段階的説明2Aコース」「段階的説明2Bコース」のまとまりだけを見極めさせる。

　さて、いずれにしても、「段階的説明2Aコース（⑧〜⑰）」と「段階的説明2Bコース（⑱〜⑳）」の境目の判断には決め手がなく、学習者の意見が分かれることが予想されます。しかし、ここで、決着を付ける意味はあまりありません。自分の考えを持つために段落の関係性を意識して読むくせがつけば、それで授業の目標を達成することができます。

　しかし、このままでは、「それぞれの段落の構成に気づく」ためのトレーニングをしただけで、「それを考えながら読む」ことまでのトレーニングはできていません。そこで、今回も、グループ毎に担当する文章構成上の役割を指定して群読をさせたり、一斉音読をしながら各自、あるいはペアで「段落相互の関係図」を再構成させたりします。ただし、本文の量が多いので、例えば、「問い」から「問いに対する答え」までに限定する等の工夫をするといいでしょう。

フェイズ3　授業毎の形成的自己評価の時間と当該授業以外の教育活動における成功体験の機会を保証する

　毎時間の最後に、形成的自己評価の時間をとることは、高学年の授業でも同じです。

　また、この単元の本時を含む一連の学習の前に、東京書籍の教科書（五）に掲載の説明的文書教材である「和の文化を受けつぐ──和菓子をさぐる」の全文を1分間で要約して隣の人に説明する活動をさせておいて、この単元終了後にもう一度同じ活動をさせます。この教

材文も、17個の形式段落を有する長い文章ですので、学習者にとっては難題です。ここでも、大段落毎に大きく内容のまとまりとそれらの関係を捉えなければなりません。

　難しいと感じる学習者がほとんどでしょうから、「どう入」（①段落）、「問い1」（②段落）、「問い1の答え」（③④⑤⑥段落）、「問い2」（⑦段落）、「問い2の答え」（⑧⑨⑩⑪段落）「問い3」（⑫段落）、「問い3の答え」（⑬⑭⑮段落）、「まとめ」（⑯⑰段落）の八つの大段落の役割を書いた付箋紙を、本文のそれぞれに該当する段落群のはじめの段落の上に貼り付けさせて、それを意識しながら内容を整理、要約して説明するように伝えます。かなり骨が折れますが、繰り返し練習させることで、学習者は、徐々にスムーズに要約して伝えることができるようになっていることを実感できるでしょう。

文学的文章を書くスキルを
トレーニングする

1　授業づくりの手順

フェイズ1　習得させようとするスキルの構造（what to teach）を具体的に把握する

　「書くこと」の領域の学習と「読むこと」の領域の学習との決定的な違いは、「書くこと」の単元では、学指導要領の「B　書くこと」に示された「題材の設定・情報の収集・内容の検討、構成の検討、考えの形成・記述、推敲」の「学習過程」のいずれかにおいて、学習者がスキル不足によってそこを通過できない場合、作品としての成果がゼロになってしまうことです。それぞれの「学習過程」で求められるスキルは異なりますので、優れた作品を仕上げるというゴールへの意識を持たせながら、一つ一つのスキルを習得させていかねばなりません。

　そこで、まず、教師が考えねばならないことは次のことです。

> “書けない子”はどの「学習過程」のスキルの、どんなコツを身につけていないのかを見極める

　“書けない子”というのは、文学的文章を書く「学習過程」のどこかで、「何を書いたらいいのか分からない」、または「書きたいアイディアはあるがどう書いていいのか分からない」等と、立ち往生してしまう学習者のことです。あなたのクラスの学習者の顔を思い浮かべて下さい。「ああ、あの子はきっとここで筆が止まってしまうだろう」と思い当たりませんか。

　そこで、その学習者が立ち往生すると思われるそれぞれの「学習過程」で、「何に目をつければ、書く材料を沢山集めることができるのか」、「どんな方略を用いれば、伝えたいことをうまく文章で表現できるのか」等のコツを理解させ、応用できるようにさせればいいのです。これが授業の目標（what to teach）になります。

　それらのコツとは、我が国の、あるいは世界共通の文化の歴史の中で培われてきた文学的文章の書き方の慣習です。それを、過去の偉大な文学作品を書いた偉大な作家の手法から抽出するのです。それらの知見が大いに役立つことを、多くの研究者や実践者が明らかにしています。「Literacyの方略」にも広く活かされています。

フェイズ2　そのスキルの効果的な習得が可能な活動（how to teach）を編成する

　文学的文章を書くスキルを習得させるための学習活動には、文学的文章を読むスキルを習

得するためのものと異なり、教師が、意図的に学習者の意欲を刺激する要素を含ませる必要のある場面は少なくなります。なぜなら、文学的文章を書くこと自体が創作的喜びに満たされているからです。要は、書けるようにしてあげればいいのです。文学的文章を書くための「学習過程」毎に、求められるスキルのコツを掴ませればいいのです。

　ひとたび、授業の目標、つまり、習得させようとするスキルとそのコツを明確に認識すれば、それを徹底して指導することは、むしろ、日本の教師たちの得意とするところでしょう。我々には、次のような方略を用いることができます。

コツを認識、習熟させる手順を、その難易度に合わせて最適化する

　習得させようとするスキル難易度によって、次のような基本的な手順が考えられます。

　手順Ａ：①そのスキルを用いる活動をやらせてみる（実践）
　　　　　②実践の成果を交流させる（成果の共有）
　　　　　③優れた成果を生むコツに気づかせる（コツの抽出）
　　　　　④コツを意識して再度、その活動をさせる（再実践）

　手順Ｂ：①教師が活動のモデルを示す（モデルの提示）
　　　　　②コツの抽出
　　　　　③実践
　　　　　④成果の共有
　　　　　⑤再実践

　手順Ｃ：①活動のコツを説明する（コツの提示）
　　　　　②実践
　　　　　③成果の共有
　　　　　④再実践

　その活動の難易度が低ければ、具体的に言うと、いきなり活動をさせても、クラスの半分程度の学習者が何とか進めることができるならば、**手順Ａ**を用いることができます。**手順Ｃ**は難易度の高い活動に向いています。さらに、**手順Ｃ**の「①コツの提示」の後、直ちに「②実践」に移ることに困難を感じる学習者が多い場合は、「①コツの提示」と「②実践」との間に、そのコツを応用する練習をする場面を挿入することも必要です。

フェイズ３　そのスキルの習得の具合を自覚する機会を設定する

　読むことのスキルをトレーニングするときと同じように、これだけで、学習者が真の学力を得たことになるのか、慎重に考えねばなりません。確かに、学習者は、教師が教えたコツによって書けるようになり、その書くこと自体への喜びを感じることができました。きっと、この後も、学習者は、それらのコツを応用して書こうとすることでしょう。

しかし、書き手としてのスキルが身についた喜び（学びのownership）という視点からではどうでしょう。

学びのownershipを獲得すれば、書き手としての自尊心や向上心が生まれます。「習得したスキルをさらに磨きたい」、「自分で満足のいかない部分のスキルを習得したい」等の意識を持たせることができます。これこそが、より質の高い、「学びに向かう力」と言えるでしょう。

そのために、次のことをする必要があります。

> 授業毎の形成的自己評価の時間と当該授業以外の教育活動における成功体験の機会を保証する

毎時間の授業においては、授業の始めに「この時間で習得を目指すスキルは何か」を示し、授業の終わりには「自分はそのスキルをどれくらい習得できたのか？」「自分はそのスキルのどんなコツの応用を苦手としているか」等をふり返らせる形成的自己評価の時間を設ける必要があります。

また、単元毎、あるいは学期毎に、自作の文学作品を完成させて発表の機会をつくり、読み手の反応を実感する体験をさせることは重要です。

2　具体事例

「お話のさくしゃになろう」

（光村図書・2年下）

この単元では、「はじめ」「中」「おわり」のまとまりに分けて物語を書く能力を育てることができます。

教科書には、単元の学習が、次のような過程で構成されています。

① 絵を見て、お話を考えよう。
② まとまりに分けて、お話をせつめいしよう。
③ お話を書こう。
④ みんなで読み合おう。

①の過程には、広い野原を楽しそうに駆けている二人のねずみが描かれた1枚のイラストが掲載され、「二人はどんな人物か」「どんなできごとがおこるか」と問うています。

②の過程で、「はじめ」「中」「おわり」の順に考えたお話をとなりの人に説明するように指示がされ、その例が示されています。

③の過程には、次の指示が書いてあります。

①「はじめ」は、どんな書きだしにするか、考えましょう。

②「中」では、できごとのようすを　くわしく書きましょう。

③「おわり」では、ふたりがさいごに　どうなったのかを　書きましょう。

フェイズ1　"書けない子"は、どの「学習過程」のスキルの、どんなコツを身につけていないのかを見極める

上記の中で、低学年の学習者が立ち往生してしまいそうなのは「①絵を見て、お話を考えよう。」と「②まとまりに分けて、お話をせつめいしよう。」の過程です。教科書には、「どんなできごとがおこるか」について、「読む人が、おどろいたり　ふしぎに思ったりするできごとがおこると、楽しいお話になります。」としか示されていないからです。物語の書き手として未熟な学習者にとって、書くアイディアの獲得は簡単ではありません。

では、「中」のパートで「どんなできごとがおこるか」についてアイディアが思いつかない学習者に、どんなコツを教えてあげればいいのでしょう？

それは、次のことです。

◎**「中」をさらに二つの段階に分けて、「これから起きる困ること」と「それを解決する方法」を考えるとよい。**

お話（物語）をつくった経験の乏しい学習者にとって、「中」で起こる出来事のアイディアをまっさらな状態から思いつくことは至難の業です。ですから、世界の多くの物語は、「中」のパートにおいて「困ること」を「解決」するプロットが基本になっていることを、コツとして教える必要があります。すると、学習者は、方向を定めてアイディアを生み出そうとすることができます。

例えば、次のようなアイディアを学習者が獲得することを期待することができます。

これから起きる困ること	それを解決する方法
○散歩のとちゅうの草むらで大きな蛇にであう。	○その蛇は友達で、いっしょに野いちごをとりに出かけ、お腹いっぱいになって帰ってくる。
○突然、二人は大きな鳥にさらわれてどこかに連れて行かれる。	○とちゅうでその鳥がもっと大きな鳥に襲われて、二人は花畑に落ちるが、そこにいたミツバチたちに運ばれてのはらにもどる。
○急に強い風が吹いて、一人が遠くにとばされて迷子になる。	○しかし、とばされている間、リュックからビスケットのかけらがこぼれていたので、もう一人が跡をたどりながら見つける。

これらの過程で、学習者に提示する目当ては「物語の『中』のアイディアを集めることができるか？」となります。

　①と②の過程を統合してマインドマップを書いてアイディアを集める活動をさせます。その際、先に示した**手順B**を採用します。

①モデルの提示

　教師が黒板にマインドマップを描くモデルを示す。

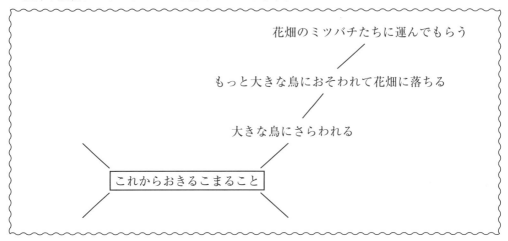

花畑のミツバチたちに運んでもらう

もっと大きな鳥におそわれて花畑に落ちる

大きな鳥にさらわれる

これからおきるこまること

②コツの抽出

　「困ること→解決の方法」の順に線を延ばして考えるとよいことを確認する。

③実践

　自分でマインドマップにアイディアを書かせる。

④成果の共有

　途中で止めて、書いたアイディアをグループや全体でシェアする。そのうちのいくつかを板書する。

⑤再実践

　友達のアイディアに発想を喚起されて、別の「困ること→解決の方法」のアイディアを書き込んでマップを完成させる。

　この手順を通ると、学習者は「これから起きる困ること」と「それを解決する方法」のアイディアを獲得することができますが、それを直ちに文章にして書くことに困難を感じるかもしれません。そんなときは「モチモチの木：フェイズ2」p.24で登場したFreeze Frameを用いると効果的です。学習者はペアになって、「これから起きる困ること」と「それを解決する方法」について、パートナーに説明します。そして、それぞれの1シーンの静止画をペアでつくるのです。さらに、セリフを言わせたり、教師が「何をしているところなの？」とたずねたりすることによって、場面のイメージがよりはっきりしてきます。

　この「創作の喜びを伴う活動」は、学習者がより具体的なアイディアを獲得するための補

強策の役わりを果たします。このように、「創作の喜びを伴う活動」は、文学的文章を読む
スキルをトレーニングするだけではなく、書くためのアイディアを獲得させるための後押し
としても有効です。

フェイズ3 授業毎の形成的自己評価の時間と当該授業以外の教育活動における成功
体験の機会を保証する

　本時の目当てである、「物語の『中』のアイディアを集めることができるか？」を踏まえて、
自分の学びに対して星五つのうちいくつをつけることができるか、自己評価をさせます。さ
らに、マインドマップの中の、自分が最も誇りに思うアイディアに赤ペンで丸をつけるよう
に指示をします。

　こうすることで、学習者は、物語の書き手としての自分の力量をメタ認知し、その進歩を
実感してうれしくなります。ここに、学びのownershipが生まれるのです。

　子供達は、基本的にお話づくりが好きですから、それぞれの「学習過程」で必要なコツを
掴んだら、喜んでつくるようになります。定期的に、あるいは順番に各自がつくったお話を
紙面かスクリーン上で発表する機会を設定すると、より学びのownershipが高まります。

「絵を見てお話を書こう」

（東京書籍・2年上）

　この単元では、物語の山場の場面を、前後の展開とつなげながら計画して書く能力を育て
ることができます。

　教科書には、単元の学習が、次のような過程で構成されています。

　　　① 絵を見てそうぞうする。
　　　② お話を考えて書く。
　　　③ お話を読み合う。

　①の過程には、きつねとくまの子供が登場する、連続した4コマの台詞入りのイラストが
掲載されています。ただし、3コマ目はイラストも台詞もなく、空欄です。イラストでは、
1コマ目で二人は川の向こうに遊びに行くことになり、2コマ目の帰り道で橋が流されてい
るので困っています。ところが、空白の3コマ目を経て、4コマ目には笑顔で家に帰ってき
ます。そして、「3コマ目の場面ではどんなできごとがおこるでしょうか。」と問いかけてい
ます。

　②の過程で、1、2、4コマ目の絵に対応してそれぞれ4〜6行程度のお話が示してあり、
3コマ目の場面のお話を書くように指示がしてあります。

　③の過程には、書いたお話を友達と読み合い、楽しい、面白いと思ったところを伝え合う

ように指示してあります。

フェイズ1 "書けない子"は、どの「学習過程」のスキルの、どんなコツを身につけていないのかを見極める

　上記の中で、低学年の学習者が立ち往生してしまいそうなのは「①絵を見てそうぞうする。」と「②お話を考えて書く。」の過程です。教科書には、「人物がすることや、言うことなどをよく考えて書きましょう。」としか示されていないからです。物語の書き手として未熟な学習者にとって、書くアイディアの獲得は至難の業なのです。

　では、3コマ目の場面で「どんなできごとがおこるか」、つまり、困ったことをどう解決するかについてアイディアが思いつかない学習者に、どんなコツを教えてあげればいいのでしょう?

　それは、次のことです。

　◎**お話の中で、困ったことを解決するには次の三つの方法がある。**
　　○助けがあらわれる。
　　○持っていた道具をうまく使う
　　○登場人物が特別な力を発揮する

　世界の多くの物語は、「中」のパートにおいて「困ること」を「解決」するプロットが基本になっています。上記のコツは、どんなタイプの物語を創作する際にも有効です。
　例えば、次のようなアイディアを学習者が獲得することを期待することができます。

解決の三つの方法	具体的なアイディアの例
○助けが現れる。	○船で通りかかった人間のおじさんに向こう岸まで渡してもらう。 ○とんびの友達がやってきて一人ずつ空を飛んで渡してくれる。
○持っていた道具をうまく使う。	○地図で確かめると、もう少し上流に別の橋が架かっていることが分かる。 ○ボールを浮き袋代わりにして泳いで渡る。
○登場人物が特別な力を発揮する。	○力持ちで背が高いくまがきつねを肩車して歩いて渡る。 ○ジャンプが得意なきつねが折れた橋桁ごしに渡って、向こう岸からとびなわを投げてくまをたぐりよせる。

　これらの過程で、学習者に提示する学習の目当ては「物語の『解決』のアイディアを集めることができるか?」となります。

フェイズ2 コツを認識、習熟させる手順を、その難易度に合わせて最適化する

□1と□2の過程を統合してマインドマップを書いてアイディアを集める活動をさせます。その際、先に示した**手順C**を採用します。

①コツの提示

「助けが現れる」「持っていた道具をうまく使う」「登場人物の特別な力を発揮する」の三つの方法があることを解説する。

※コツを応用する練習

学習者が、コツを提示されただけで、すぐに「実践」することが困難と思われる場合はコツを応用する練習が必要である。

まず、三つの方法の中の一つである、「登場人物の特別な力」とマインドマップの中央に書き、そのアイディアを学習者から引き出して板書する。例えば、次のようなアイディアが考えられる。

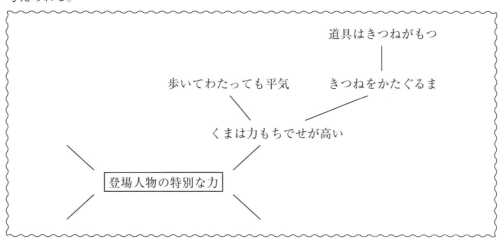

②実践

「解決の三つの方法」の一つずつが中央に書かれた、3種類のマインドマップ用の学習シートを各々の学習者に配布し、アイディアが浮かびやすいものから書くように指示をする。

③成果の共有

途中で止めて、書いたアイディアをグループや全体でシェアする。そのうちのいくつかを板書する。

④再実践

友達のアイディアに発想を喚起されて、書きかけのシートにアイディアを加えたり、別の種類のシートに書き込んだりさせる。

この手順を通ると、学習者は「解決」のアイディアを獲得することができますが、それを直ちに文章にして書くことに困難を感じるかもしれません。そんなときは「モチモチの木：

フェイズ２」p.24で登場したFreeze Frameを用いると効果的です。学習者はペアになって、自分が考えた「解決」の方法について、パートナーに説明します。そして、それぞれの１シーンの静止画をペアでつくるのです。さらに、セリフを言わせたり、教師が「何をしているところなの？」とたずねたりすることによって、場面のイメージがよりはっきりしてきます。

　このように、「創作の喜びを伴う活動」は、文学的文章を読むスキルをトレーニングするだけではなく、書くためのアイディアを獲得させるための後押しとしても有効です。

フェイズ３　授業毎の形成的自己評価の時間と当該授業以外の教育活動における成功体験の機会を保証する

　本時の目当てである、「物語の『解決』のアイディアを集めることができるか？」を踏まえて、自分の学びに対して星五つのうちいくつをつけることができるか、自己評価をさせます。さらに、マインドマップの中の、自分が最も誇りに思うアイディアに赤ペンで丸をつけるように指示をします。

　こうすることで、学習者は、物語の書き手としての自分の力量をメタ認知し、その進歩を実感してうれしくなります。ここに、学びの ownership が生まれるのです。

　子供達は、基本的にお話づくりが好きですから、それぞれの「学習過程」で必要なコツを掴んだら、喜んでつくるようになります。後の「冒険の物語を書く」単元に示す、それぞれの「学習過程」のコツを、学習者集団の実態に合わせて少しずつ教えてあげてください。定期的に、あるいは順番に各自がつくったお話を紙面かスクリーン上で発表する機会を設定すると、より学びの ownership が高まります。

「たから島のぼうけん」

（光村図書・３年下）

　この単元では、「たから島の地図」を見て得た発想を基に、ぼうけんの物語全体を組み立てて書く能力を育てることができます。

　教科書には、単元の学習が、次のような過程で構成されています。

　　１　地図を見て、そうぞうしよう。
　　２　組み立てと場面の様子を考えよう。
　　３　物語を書いて、読み返そう。
　　４　友だちと読み合おう。

　１の過程には、「たから島の地図」のイラストが掲げられています。地図の中央には宝箱があり、海からそこへ続く幾本ものルートには怪獣や猛獣や噴煙を上げる火山などの障害物が行く手を阻んでいます。

②の過程には「①始まり」「②出来事（事件）が起こる」「③出来事（事件）が解決する」「④むすび」の組み立てで、書く内容を整理するように示されており、「※②と③は、くり返すことがある。」と但し書きがついています。

フェイズ1 "書けない子"は、どの「学習過程」のスキルの、どんなコツを身につけていないのかを見極める

本単元の重点は②の過程にあるようです。しかし、教科書に示された指示だけでは、学習者が、自分で納得のいくようなアイディアを獲得するには十分とは言えません。次にようなコツを理解させる必要があります。

◎**どうしても解決しなければならない「出来事」が起きるようにする。**

◎**「出来事」の最終的な解決には次のようなパターンがある。**
　ア：出来事が起きる→解決に成功する
　イ：出来事が起きる→解決に成功する→次の問題が起きる→解決に成功する
　ウ：出来事が起きる→解決に失敗する→問題が大きくなる→解決に成功する

この過程の、学習者に示す学習の目当ては、「『出来事』『解決』『失敗』のアイディアを集めることができるか？」となります。

フェイズ2 コツを認識、習熟させる手順を、その難易度に合わせて最適化する

では、どんな活動をどんな手順でさせれば、効率よくそのスキルを伸ばすことができるのでしょうか。

この過程では、上記の二つ目のコツがやや複雑ですので、次のような手順Cを発展させたものを採用します。

①コツの提示

　先述の二つのコツを提示して解説する。

※コツを応用する練習

　学習者が、コツを提示されただけで、すぐに「②実践」へ進むことが困難と思われる場合はコツを応用する練習が必要である。

　まず、ある「出来事」を教師が提示する。そこから、解決の「失敗」と「成功」のアイディアを学習者に考えさせてから全体でシェアする。例えば、次のようなアイディアが考えられる。

教師が提示する「出来事」		学習者が持つと期待されるアイディアの例
○上陸した先に巨大なトラが昼寝をしていたが、二人のにおいに気がついて追いかけてくる。	失敗	○逃げたけど追いつかれて一人が丸呑みにされる。 ○逃げるとちゅうに道から外れて、二人とも崖から海に落ちる。 ○トラになぞなぞの勝負を挑むが、トラが出したなぞなぞが難しくて間違えてしまい、二人ともつれて行かれる。
	成功	○無臭スプレーを自分たちの体にかけてしげみに隠れ、トラがウロウロ探しているすきに通り過ぎる。 ○持っていた非常用のサイレンのスイッチを入れたら、トラはその音が嫌いで逃げていく。 ○実は、それは二人がずっと前に飼っていて逃げ出したトラで、一緒に旅をすることになる。

②実践

コツで示した解決のパターン（ア・イ・ウ）から一つを選んで、それに沿って組み立てメモを作成させる。

③成果の共有

途中で止めて、書いたアイディアをグループや全体でシェアする。そのうちのいくつかを板書する。

④再実践

友達のアイディアに発想を喚起されて、自分の組み立てメモを修正したり、新たに組み立てメモを作成したりさせる。

フェイズ3 授業毎の形成的自己評価の時間と当該授業以外の教育活動における成功体験の機会を保証する

本時の目当てである、「『出来事』『解決』『失敗』のアイディアを集めることができるか？」を踏まえて、自分の学びに対して星五つのうちいくつをつけることができるか、自己評価をさせます。さらに、ノートに書いたいくつかのアイディアのうち、自分が最も誇りに思うものに赤ペンで丸をつけるように指示をします。

また、「ぼうけん」の物語のアイディアを発想することは、「たから島の地図」だけでなく、その他のアイテムを用いて喚起することができます。例えば、不気味な雰囲気の肖像画、水晶の玉、古い占いカード等です。それらを提示して、アイディアを生み出し、本単元で学んだスキルを応用しながら、学期の最後にもう一度「ぼうけん」の物語を書く経験をさせるといいでしょう。勿論、書き終わったら、「出来事→解決の成功（失敗)」のコツはうまく応用できたのかを自己評価させることを忘れずに。

「山場のある物語を書こう」

（東京書籍・4年上）

この単元では、主人公のものの見方や考え方が変化する物語の全体を計画して書く能力を

育てることができます。

　教科書には、初めの見開きページに物語の始まりの場面と終わりの場面がペアになったイラストが三種類掲載されています。どれも、始まりの場面での主人公（自分の見た目が嫌いなイワシ、雨が嫌いな女の子、子犬が怖い男の子）の、ある事柄に対するネガティブな気持ちが終わりの場面では大きく変化する内容です。そして、「絵を見ながら、山場で起こる変化を想像して、物語を書きましょう。」とあります。

　単元の学習は、次のような過程で構成されています。

　　　① 物語の設定を考える。
　　　② 物語の組み立てを考える。
　　　③ 物語を書く。
　　　④ 物語を読み合い、感想を伝え合う。

　①の過程には人物カードの例が、②の過程には組み立てメモの例が、③には、先述の人物カードと組み立てメモに対応した物語の例が掲載されています。

フェイズ1　“書けない子”は、どの「学習過程」のスキルの、どんなコツを身につけていないのかを見極める

　始まりと終わりの場面が予め設定されていることから、本単元で求められるスキルは、主人公のものの見方や考え方を変化させるような山場の場面をつくり出すことになります。しかし、その習得は、この年代の学習者にはかなりタフなものとなりそうです。単に、主人公のものの見方や考え方を変化させる原因となるできごとを考えるだけでなく、読み手の心を打つような展開でなければ物語にならないからです。

　教科書には「山場では、どんな変化が起こるとおもしろい物語になるかな。」「物語の始まりから山場までに、どんな出来事を書こうかな。」と別枠で強調してありますが、これではアドバイスになりません。次のようなコツを示す必要があります。

◎「山場」を、主人公が窮地に追い込まれる「問題発生」の場面とそれを脱出する「問題解決」場面の二つに分けるとよい。

◎「問題発生」の内容は、主人公がある事柄に対してネガティブな気持ちを持っているせいで起きる場合と、主人公がある事柄に対してネガティブな気持ちを持っているのに巻き込まれてしまう場合のどちらかで考えるとよい。

◎「問題解決」の内容は、主人公がネガティブな気持ちを持っている事柄の、主人公がこれまで気がついていなかったよさのおかげで解決するように考えるとよい。

この過程の、学習者に示す目当ては、「主人公のものの見方や考え方が変化する原因となる『問題発生』と『問題解決』のアイディアを集めることができるか？」となります。

フェイズ2 コツを認識、習熟させる手順を、その難易度に合わせて最適化する

では、どんな活動をどんな手順でさせれば、効率よくそのスキルを伸ばすことができるかを考えます。

この過程のスキルの習得は大変難易度が高いので、次のような、**手順Cを発展させたもの**を採用します。

①コツの提示

先述の三つのコツを提示して解説する。

※コツを応用する練習

学習者が、コツを提示されただけで、すぐに「②実践」へ進むことが困難と思われる場合はコツを応用する練習が必要である。

まず、「イワシ」・「雨」・「子犬」という三つの対象のよさを、クラス全体で出し合って、表にして板書する。例えば、「雨」ならば、「その後に虹が出る」「夏にびしょぬれになってしまえば逆におもしろい」「雨の音で心が落ち着く」「雨のにおいってなんだかなつかしい」等の意見が出されることが考えらる。

続いて、イラストの一つを選び、「主人公がある事柄に対してネガティブな気持ちを持っているせいで起きる場合」と「主人公がある事柄に対してネガティブな気持ちを持っているのに巻き込まれてしまう場合」に分けて「問題発生」と「問題解決」の内容のアイディアを学習シートに書かせてから全体でシェアする。教師が、例を示すこともあり得る。例えば、次のようなアイディアが考えられる。

		学習者が持つと期待されるアイディアの例
主人公がある事柄に対してネガティブな気持ちを持っているせいで問題が起きる場合	問題発生	学校の帰りに、友達と公園で遊ぶ約束して家に帰ると、急に夕立が降ってきた。ぬれたくないので家にいると、公園で待っているその友達から電話がかかってきた。
	問題解決	慌てて傘を差して公園に行くと、その友達は怒っていて、やがて言い争いになり、そして足で水たまりの水を掛け合うけんかに。二人とも傘を投げ出してびしょ濡れになるうちに、おもしろくなり、二人とも笑い出す。
主人公がある事柄に対してネガティブな気持ちを持っているのに問題に巻き込まれてしまう場合	問題発生	雨が嫌いな上に、昨夜、自分を叱ったお父さんを駅まで傘を持って迎えに行くように頼まれる。ところが、持って行ったお父さんの傘が壊れていて、二人で一つの傘に入り気まずくなる。
	問題解決	急に雨が上がって、晴れ間が差してきた。二人の前にきれいな虹が架かる。それを見た二人は同時に「きのうはごめんね。」と言いかけて、顔を見合わせる。

②実践

　三種類のイラストのどれかを選び、同じ様式の学習シートに自分のアイディアを書かせる。その際、「コツを応用する練習」で共有したアイディアを取り入れてもいいことを伝える。

③成果の共有

　途中で止めて、書いたアイディアをグループや全体で交流する。そのうちのいくつかを板書する。

④再実践

　友達のアイディアに発想を喚起されて自分の学習シートを修正したり、別のイラストについて新たな学習シートにアイディアを書いたりさせる。

■フェイズ3■　授業毎の形成的自己評価の時間と当該授業以外の教育活動における成功体験の機会を保証する

　本時の目当てである「主人公のものの見方や考え方が変化する原因となる『問題発生』と『問題解決』のアイディアを集めることができるか？」を踏まえて、自分の学びに対して星五つのうちいくつをつけることができるか、自己評価をさせます。さらに、ノートに書いたいくつかのアイディアのうち、自分が最も誇りに思うものに赤ペンで丸をつけるように指示をします。

　ところで、このようなタイプの物語を書くことは高度な国語能力を要します。単に読者を楽しませるだけではなく、あるメッセージ（「見た目は地味でも、イワシにはイワシのよさがある」など）を届けることを視野に入れているからです。おそらく、本単元の学習だけで、このタイプの物語を自分の力で書くことができるようになる学習者はあまり多くはないでしょう。

　しかし、このタイプの物語は学習成果発表会等で発表する創作劇の原作にもってこいです。クラスの全員が原作や脚本作りに携わらなくとも、劇全体を創り上げるために分担するそれぞれの役割において、本単元で学んだことが役に立っていること実感する機会は十分にあるでしょう。

冒険の物語を書く

（筆者オリジナル・小学校高学年～中学校全学年）

　残念なことに、今回の改訂により、光村図書、東京書籍を含む複数の出版社の高学年の国語の教科書から文学的文章を書く単元がなくなりました。中学校の教科書についても、この領域の単元はわずかながら存在するものの、文学的文章を書くための、本質的、総合的な能力を習得させるには脆弱なもの言わざるを得ません。

　一方、イギリスでは、この能力を構成する種々のスキルを伝統的に重視しており、その他の領域の言葉の運用力や思考力にも大きな影響を与えると考えられています。イギリス（基本的にイングランドのみ）で毎年、全ての小学6年生を対象に実施される全国学力テスト（Standards Assessment Tests）には、ある題材が示されて、それをもとに物語を創作する課題が出されて

います。

　日本の小学校高学年や中学校のカリキュラムにも「音楽」や「美術」の創造力を育成する時間があるのに、なぜ、「国語科」にはないのでしょう。しかも、これほど、学習者を言葉の学びに熱中させることができる活動を筆者は他に知りません。

　そこで、本節では、小学校高学年に是非指導しておきたい、物語を書く単元の具体事例を、「題材の設定・情報の収集・内容の検討」から「推敲」までの「学習過程」まるごと紹介します。これは、筆者が、イギリスで参観したBernadette Wood先生の授業実践⁽⁷⁾をベースに、様々な資料からのアイディアも取り入れて作り直し、自ら実践してその効果を確かめてきたものです。Wood先生は、大変優れたLiteracyの実践者であると、国家学校査察官がその報告書で認めた熟練教師であり、筆者の調査研究対象の一人でもあります。

　さて、ジャンルやプロットのタイプ毎に物語の書き方を指導することは、イギリス、フランス、ドイツ等の国々の国語科教育では一般的です。それぞれのジャンルやテーマのカテゴリーに属する物語には共通する特徴、つまり、長い歴史の中で培われてきた慣習があり、それを具体的に指導することで学習者はより質の高い書き手になることができるからです。今回は、テーマを「冒険の物語」に設定します。「冒険」というプロットは学習者に馴染みがあり、書くための様々なアイディアを集めやすいと思われます。この発達段階においては、これから示す程度の質・量の物語を書くことを目標にするとよいと思います。

■フェイズ1 　"書けない子"は、どの「学習過程」のスキルの、どんなコツを身につけていないのかを見極める

　以下に示すような各過程のスキルのコツの中から、取捨選択するとよいでしょう。この年代の学習者が、まだ掴んでいない可能性のあるコツを列挙しています。あなたのクラスの学習者がすでに掴んでいるものは、もう指導の必要がありません。

① 題材の設定・情報の収集・内容の検討
　　◎自分が書きたい冒険の物語について、「手に入れたいもの」「宿敵」「アイテム」「仲間」等の観点から連想を広げていけばよい。そのさい、一つのことを思いついたらそれを描写するために必要な付随する情報を沢山メモしておくとよい。

② 構成の検討
　　◎冒険の物語は基本的に次の五つのパートで構成するとよい。
　　　　冒頭：主人公のくらしに冒険のきっかけとなる事件が起きる。
　　　　展開：主人公が目的の場所を目指す途中に起きるいくつかの問題について解決（失敗）する。
　　　　窮地：主人公が最大の問題に直面し、ピンチに陥る。
　　　　山場：主人公が、思いがけない方法で一気に問題を解決する。

終局：主人公が元の場所に帰る。または新たな冒険へと向かう。

◎**設定（いつ・どこで）を決めるときは「窮地」や「山場」の内容と関連づけて考えると
　よい。つまり、この「設定」だからこそ、その問題が起こる、あるいは解決のきっかけ
　になるように考える。**

◎**登場人物の特徴（持ち味）をつくるときは、「窮地」や「山場」の内容と関連づけて考
　えるとよい。つまり、このキャラクターだからこそ、その問題が起こる、あるいは解決
　のきっかけになるように考える。名前、年齢、身分や仕事、人柄（長所と短所）、他の
　特徴（特技・体格・服装・口癖など）について具体的に決めるとよい。**

③　考えの形成・記述
　　◎**次のようなレトリックを物語のそれぞれのパートにおいて適宜応用するとよい。**
　　０：物語全体において
　　　○比ゆ（明ゆ・暗ゆ）、擬音語・擬態語、倒置法等を用いる。
　　　○五感を用いた表現（見える、聞こえる、におう、味わう、さわる）を用いる。
　　　○人物の行動や様子を通して心情を表す。
　　　○周囲の風景や天候などの描写を通して人物の心情を表したり、場面の雰囲気をつ
　　　　くったりする。
　　１：「冒頭」を書くときに
　　　○読み手の心をつかむために書き出しを工夫する。例えば、次のようにする。
　　　　●読み手への質問で始める。
　　　　●「山場」の１シーンで始まり、過去へフラッシュバックする。
　　　　●登場人物のきみょうなふるまいから始める。
　　　○登場人物を紹介するための工夫をする。
　　　　●容姿を描写する。
　　　　●雰囲気に合う名前をつける。
　　　　●行動や会話を通して、さりげなく登場人物の人柄を紹介する。
　　　○設定を明らかにする工夫をする。
　　　　●行動や会話を通して、さりげなくいつ、どこであった話なのかが分かるようにす
　　　　　る。それが、うまくいかない場合は短く解説する。
　　　　●雰囲気に合う地名をつける。
　　２：「展開」を書くときに
　　　○登場人物の特徴や設定をしっかり受けついで。
　　　○新たな登場人物が出るならここで。
　　　○「窮地」や「山場」へつながるような、なぞやアイテムをそっと書いておく。
　　３：「窮地」を書くときに

○「展開」から連なる問題の解決（失敗）のパターンには次のようなものがある。

  ●問題→解決→問題→解決……

  ●問題→失敗→大問題→解決

○急激に、または少しずつ、何回にも分けて緊張を高めていく。

○雰囲気をつくる表現、例えば、音、暗さ、冷たさ等を用いる。

4：「山場」を書くときに

○「突然」や「何の前触れもなく」などの緊張感のあるつなぎ言葉を用いる。

○強い印象の残る言葉を用いる。（言う→叫ぶ・こっちを見た→こっちを見つめた・つかんだ→しがみついた等）

○スピード感を出すための、短い文の連続。

○意外な助けが表れるようにする。

○主人公に解決のための読み手が予想しないような工夫をさせる。

5：「終局」を書くときに

○帰り道の様子など、重要でないことはくわしく書かない。

○印象を残すために、例えば次のような終わり方の工夫する。

  ●書き手が読み手に語りかける終わり方

  ●衝撃的な終わり方

  ●読み手に「どうなるの？」と考えさせる終わり方

  ●物語の始まりにもどる終わり方

4 推敲

◎上記のコツと照らし合わせて、確認と修正をする。

◎表記上のミスをなくすために、特に次のことを気をつけて見直すとよい。

【改行】

○次のようなとき改行しているか？

  ●場面が変わるとき

  ●時間が経過したとき

  ●話の流れが変わるとき

【文末】

○単調ではないか？

○常体と敬体が混ざっていないか？

○主語と述語はねじれていないか？

フェイズ2 コツを認識、習熟させる手順を、その難易度に合わせて最適化する

※ここでは、これまでのように、特定の単位時間の授業展開例を手順に沿って詳細に示さ

ずに、「題材の設定・情報の収集・内容の検討」「構成の検討」「考えの形成・記述」「推
敲」の「学習過程」に沿って単元全体の概要を解説します。

1 題材の設定・情報の収集・内容の検討
（1）モデルを提示する
　まず、モデルを示します。このような内容の話をこのぐらいの長さで書けばよいというこ
とを示す、少なくとも二種類の物語を用意します。一種類しか示さなかったら、そっくり真
似をしてしまう学習者が続出する恐れがあるからです。何が必須で何が裁量なのかを理解さ
せる必要があります。
　例えば、次のようなモデルを示します。

＜モデル１＞
ゴンの短い冒険

　　　　　　　　　　　　　　　　　　　　　　　　　　　伊勢院　忠太

　ふきつける雨が窓ガラスに当たって、冷たい針のようになって流れ落ちるのを見つめながら、
健一はため息をついた。
「あーあ、冬休み最後の日ぐらい、外で遊びたかったなあ……。せめて雪だったらよかったのに。」
　妹の由美は、そんなことにはお構いなく、おばあちゃんが飼っている犬のゴンといっしょに床
の上を走り回っていた。ゴンも興奮気味に由美の足もとにじゃれついていた。そのことも、健一
をいらいらさせる一つの原因だった。
　その時、玄関のノブが、ガチャッと音を立てた。ドアが勢いよく開く。外から入ってきた、中
学生の姉の由香里が後ろを振り返りながら、
「ちょっと待ってて。あたし、てぶくろ取ってくる！」
と叫ぶと、二階へかけ上がって行った。
　ゴンはこのチャンスを見逃さなかった。由美が、その小さな体を捕まえるより早く、開けっ放
しのドアから外へ飛び出した。
「姉ちゃん！何でドアしめないんだよ！ばか！」
　健一は、二階に向かってどなった。
「ゴンは、外へ出しちゃいけないってお母さんが言っただろ！この町のことは知らないから、自
分で帰って来れないんだぞ！」
　健一が玄関から首を出すと、ちょうど、白と黒のぶちの犬が生け垣の、信じられないくらい小
さな裂け目を抜けて体をひねり出し、道路の方へトコトコと走り出したのが見えた。
「お母さんにメモを残していくひまはない。」
　健一は決めた。（これが事件の始まりとも知らずに。）
「つかまえよう。入院してるおばあちゃんに、ゴンがいなくなったなんて言えるもんか！」
　それから、健一は、くつをはいて、外へ飛び出そうとした。
「落ち着いて、お兄ちゃん。そのまま行く気？」
　健一が振り返ると、ビニールの雨がっぱを健一につきだして立っている由美がいた。もう片方
の手には自分の分をにぎっている。

急いで雨がっぱを着ながら、健一は、わけが分からずびっくりした顔でつっ立っている姉の友だちに向かって、命令するように言った。
「姉ちゃんにこのことを伝えて。それから、全部姉ちゃんのせいだとも言ってね！」

　水たまりの水をはね上げて、二人はゴンめがけて走りだした。しかし、おそらく、それは最悪の行動だった。なぜかというと、ゴンは、二人が遊んでくれるものとかんちがいしたからだ。しっぽを勢いよく振って、通りを歩く人の足に水しぶきをかけながら、ゴンは公園めがけて競争し始めた。
「きっと捕まえられるわ。」
　由美は自信ありげに言った。
「だって、ゴンの足はあんなに短いんだもの。」
「でも、けっこう早いよ。」
　健一は角を曲がりながら、ゴンがもう一つ先の角を曲がっていくのを見て言った。
「せめて、雨が上がったらなあ。めがねがくもって、よく見えないよ。」
　ゴンは追っ手を引き連れて大きな公園の入り口にたどり着くと、カモのいる池に向かってまっしぐらに走った。ゴンは、この数年、こんなに興奮したことはなかった。だって、ふだんは、健一たちのおばあちゃんと、となり町にある家で静かに暮らしているのだ。
　健一と由美はゴンのすぐ後ろにせまっていた。ゴンの息づかいが聞こえる。もう少し、もう少しで手が届く。次の瞬間、二人は、ゴンがくぐり抜けたベンチに激しくぶつかってしまった。
「どこを見て走ってるの？大丈夫？」
　座っていた女の人がおどろいてたずねた。
「す、すみません。」
　二人は小さく口ごもった。由美は起き上がると、切れて血がにじんだ自分のひざを見て、今にも泣きそうになった。
「もう、ゴンの姿は見えないや。」
　健一は辺りを見回しながら言った。
「でも、カモの池のところで、きっとつかまえられるよ。」
　しばらくの間、ぬれた歩道を走り回ったあげく、とうとう二人は、ゴンを見失ったことを認めるしかなかった。
「どこへ行ったんだろう。ぼくたちと遊びたかったんじゃないのかな？」
　公園の出口から通りに出ると、二人はすでに家からはずいぶん離れたところまで来ていた。おまけに、くつの中までぐっしょりぬれ、冷たくてしびれていた。でも、まだ、あきらめるわけにはいかない。おばあちゃんが…………。

　健一は、このまま探し続けようとしたが、由美が、警察に届けようと言い出した。難しい問題だった。二人とも、こんな時、お母さんがいてくれたらなあと思っていた。言い合いをしながら、二人は角を曲がって、大通りに向かった。
「もう、あたし達だけでは見つけられないわ。」
と、由美は言い張った。
「ゴンは今、きっと恐がってるわ。かわいそうに。」

「自業自得さ。」

　健一はちょっといじわるく言った。

「やつのおかげでぼくらがどんな目にあったか！あ、見て！」

　健一が大きな声を出した。

「バスだ！行こう！あれで家に帰って、お母さんに電話しよう。」

　由美が何か言おうとしたが、健一はそれを無視して妹を引っ張ると、バスに乗り込んだ。二人分の料金をはらうと、プシューと音を立ててドアが閉まった。

　しばらくして、由美は兄に向かって、バスの行き先を確かめたのかどうかをたずねてみた。健一は、はっとして窓の外の風景を確かめようとした。しかし、それは遅かった。

　健一の顔色が変わった。バスが、西ではなく、東に向かって、つまり、自分たちの家から何キロも離れていっていることに気がついたのだった。そして、兄の顔を見た由美もそのことをすばやく理解した。

　由美の目からは、それまでがまんしていた涙があふれ出した。

「あたし、もう疲れたよう。」

　由美は泣きじゃくった。

「それに寒いし、それにこわいよう。大変なことになっちゃった。ゴンはもう見つからない！」

　健一は、妹を元気づけようとあれこれやってみたが、どれもうまくいかなかった。自分も泣きたかったが、泣くわけにいかなかった。

　あいかわらず、くつの中は、ぐっしょりと冷たかった。

　バスは、交差点を曲がって、静かな住宅街へ入って行った。

　と、健一は、窓の外の景色にかすかに見覚えがあることに気がついた。

「あれ？見ろよ。」

　健一が、間の抜けたような声で言った。

「ここ、おばあちゃんちの近くだ。そのコンビニおぼえてる。あ、ほら、あそこにおばあちゃんちが見え……」

　健一の声が途絶えた。由美が見上げると、兄は幽霊でも見たような表情で、一点を見つめていた。その視線の先には、ずぶぬれで汚れた、小さくて白と黒のぶちの犬が、玄関のドアの前にきちんと座っていた。

　二人は、次のバス停でバスを飛び降りると、道路をかけもどった。

「ゴン！」

　由美が金切り声で叫んだ。

「見つけた！あなた、自分でもどったのね。なんて賢いの！」

　由美は、ぬれたゴンの顔に自分のほほをこすりつけた。

「きっと、川を渡ったんだ。」

　健一が言った。

「だからこんなに早く着いたんだ。かわいそうに。そんなにおばあちゃんに会いたかったのか。
　さあ、連れて帰ってかわかしてあげよう。」

　健一はゴンに優しく手を伸ばした。

　次のバスが来るまで、あまり時間はかからなかった。（今度は正しい行く先だった。）

おふろ場で、ゴンが、乾いたタオルでふかれているとき、電話が鳴った。由美がでると、おばあちゃんからだった。

「看護婦さんに、公衆電話の所までベッドを動かしてきてもらったのよ。」

　おばあちゃんは説明した。

「かわいそうなゴンがどうしてるか、確かめようと思ってね。心配で仕方がないのさ。」

　由美は、横から受話器に耳をくっつけて聞いていた健一と顔を見合わせた。

　少しの間があって、健一が由美を見つめたまま首を横にふる。由美がうなずく。

「あー、えーと、心配いらないわよ、おばあちゃん。」

　由美は明るく答えた。

「今日なんか、ゴンにとっては、すっごくすてきな一日だったよ。ほんっとに！」

＜モデル２＞

カラムの冒険

伊勢院　忠太

「話をやめて聞くのじゃ！」

　骨ばったこぶしをふるわせながら、集まったレブロン王国の戦士たちに向かって叫んだガンゼルフの声はゴツゴツした岩肌に響き渡り、広い洞窟の中はきゅうに静かになる。

「もはや、話し合っているときではない。我々は何とかしてあの奇跡の薬草を手に入れなければ
　　ならぬ。ひん死のレブロン王にはその薬草が必要じゃ。地底からの侵略者、ゲズーラ族との決
　　戦での勝利はそこにかかっておる。」

　誰も反対するものはいなかった。しかし、誰が取りに行くのか？道のりは遠く過酷であり、成功の保証はない。その薬草は、魔法の国アルスディアのまぼろしの森にしか生えておらず、いくつもの魔法で守られている。そこへたどり着くことはたいそう難しいと言い伝えられていた。

　誰もが近くにいる者どうしで、自分は普段の仕事がいそがしくて行けないといいわけをしだした。そのとき、騒々しい話し声の中から、かん高い声が響いた。

「ぼくが行きます！薬草を取りに行かせてください！」

　何百万という蛍がともす光で照らされた洞窟の中に、笑い声が広がった。

「また、カラムか！何でも目立ちたがりやがって。やつは紙ぶくろの中の一切れのほうれん草だっ
　　て探すことができないぜ！」

　さらに大きな笑い声。その少年の顔ははずかしさで真っ赤になった。と同時に彼は、怒りがこみ上げてくるのを感じた。

　彼は前に進み出ると、段の上に飛び上がり、驚いているガンゼルフの手から、まぼろしの森への地図をつかみ取った。

　それは、昨日までのこと。今はもう、ぎらぎらと照りつける太陽の下で、汗だくだった。足はすでに痛み出し、リュックサックの重みが肩にくい込んだ。カラムは、ヒーローになろうと考えたことを後悔し始めていた。ヒーローがこんなにつらいものとは……。

「ディフ、おまえがいっしょでよかったよ。」

　彼は、彼の横で楽しそうにぴょんぴょんはねているペットの雪オオカミに向かって言った。

「一緒に薬草をさがそ……。あれ、まただ。」

　カラムは足下の地面がこきざみに揺れているような気がしてだまった。出発してから何度もこの感覚を感じていた。

「変だなあ。この辺りは地震は少ないはずなのに。なあディフ。おい、ディフ？」

　見るとディフは地面をにらみつけて「ウウウ」とうなっている。

「だいじょうぶだよ、ディフ。きっと弱気になっているぼくらの気のせいだよ。」

　うなることをなかなかやめようとしないディフの頭をカラムはなでてやった。今は先を急がねばならない。

　彼らは、一日中、さらに次の日も、とぼとぼと歩き続けた。山を越え谷を渡って……。

　小さな村を通り抜けようとしたとき、大勢の人たちが二人の顔を見ようと集まってきた。彼らの冒険のニュースは広まっていたのだ。贈り物や食べ物やワインがカラムの手に押しつけられた。

　その日の夜は、彼と彼の忠実な友だちは満天の星空のもと、満足してねむりについたのだった。

　しかし、安らぎはほんの一しゅんだった。次の日から、また、果てしなく続く道のりが彼らを待っていたのだった。ある時は、深い森の中で道に迷い、ある時は、切り立ったがけから落ちかけたこともあった。

　しかし、カラムとディフは、引き返そうとはしなかった。先の戦いで重傷を負ったレブロン王の容態は少しずつ悪くなっていたのだ。彼は優れた指揮官であるばかりでなく、王国の人々の心の支えだった。

　とうとう、冒険は、王国の土地とアルスディアの境界線である川にたどり着いた。カラムは地図を確かめた。

「この川を渡ることになりそうだよ。」

　彼はディフを振り返った。しかし、すでに、ディフは水に入り、大はしゃぎで三つのしっぽをバシャバシャさせていた。目を回したにじ色の魚たちが浮かんできた。

「帰ってこい！このとぼけたやつめ！」

　カラムはいらだって叫んだ。彼は手を伸ばしてディフの首輪をつかもうとしたが、何かに足を取られて、水ぎわにしげったアシの中に倒れ込んだ。

「ああ！ちくしょう！」

　彼はうめいた。これは、しつけのよい王国の子どもにしてはたいへん悪い言葉づかいだ。

　カラムは地図がびしょぬれになってしまったことに気づいた。そればかりではない。水の中からひろいあげたとき、彼の目の前で、地図が雪のように溶け始めたのだった。

　何てことだ！これから彼らはどうしたらいいというのか？

「もう薬草を見つけることはできない。」

　カラムは泣き叫んだ。ディフはおどろいて、カラムを元気づけようと鼻をすりつけてきた。しかし、彼は気づかないようだった。

「ぼくは何てバカだったんだ！」

　カラムは地面をたたいた。

「自分にこんな重要な仕事ができるわけないんだ！ヒーローになりたがるなんて！」

　はきすてるように言うと、カラムは地面に突っ伏したまま動かなくなった。

　しばらくして、気を取り直したカラムは、注意深く反対側へと川を渡った。しょんぼりして、

ディフは三つのしっぽを水の中にたらしながら後に続いた。川を渡りきり、目の前のがけを登ると、そこには、どこまでも続く大地が広がっていた。ここが、魔法の国、アルスディアだ。目の前に、いく本もの道が、網の目のように枝分かれしながら四方へのびている。

その時、カラムは、やはり、地図なしでは正しい道を見つけられないことを思い知らされた。なんと、それらの道は、旅人をまどわせるため、まるで生き物のようにその姿をたびたび変えているのだ。

「ああ！ちくしょう！」

彼はまた言った。涙が後から後からあふれ出した。

カラムは短いうでで、短い足を抱え込んで地面に座り、涙がかれるまで泣き続けた。と、彼は、自分を照らしつける日光がさえぎられたのに気がついた。ふりあおぐと、目の前に、きみょうな老人が立っていた。その男は動く星かざりのついた黒いマントを着て、手には、金色の小さな箱を大切そうに持っていた。

「見つけたぞ。」

細くてかすれた声だった。

「困っているようだな。地図をなくした、そうだろう？」

カラムは、おどろいて相手を見つめた。

「あなたは……？」

「私が誰かって？」

その老人は明るい調子でカラムの質問をさえぎった。

「フォ、フォ。おまえの救世主さ。まぼろしの森の番人じゃよ。おまえの国にいる古い友人が、おまえが旅だったことを知らせるためにふくろうをよこしたのだ。私が来てよかった。我々は、おまえたちに、ゲズーラ族との戦いにどうしても勝利してもらわねばならん。」

声の調子が急にしずんだ。

「やつらは、この土地でもひどいことを繰り返しておるのだ。」

その時、すぐ近くで小さく土けむりが上がり、地面が不気味にふるえていた。しかし、不幸なことに、二人はその気配に気がついていなかった。

「ほら。これを持って行くがいい。」

老人は、カラムに金の箱を手渡した。わけが分からないまま、若い戦士は、ゆっくりとふたを開こうとした。

突然、ガラガラという音ともに、二人の立っている地面から、太く、鋭い爪のついた無数の巨大な黒いうでが伸びて二人の両足をつかんだ。はずみで、箱はカラムの手からこぼれて地面に転がった。

「しまった！やつらだ！ゲズーラだ！」

老人はその体の半分を地面に引きずり込まれながら叫んだ。

「はやく！箱を開けるのだ！」

カラムは、反射的に箱に飛びつこうとした。しかし、足をつかまれているのであとちょっとが届かない。地面をかきむしるようにもがいても、あり地獄のように、ずるずると恐ろしい力で地面に引きずられていく。それでもカラムは必死になって這い出そうとした。指から爪がはがれ、血が流れ落ちた。

「い、いやだ。レブロン王！みんな！」

　その時だった。白い影がさっと宙を舞った。カラムの足をつかんでいる大きなうでにうなりながらかみついたのは─

　ディフだ！カラムは自由になった方の足で、もう片方の足をつかんだゲズーラの手を力一杯蹴り上げた。そして、必死で穴からはい上がると、箱をひろってふたを開いた。

　一瞬、すべての音が消え、時間が止まったようだった。箱の中には、パワーと魔力に満ちた白い光を放つ、あの薬草があった。

　────辺りを見回すと、あの無数のうではあと形もなく消え去り、静けさがもどっていた。
「レブロンの少年よ。よくやったぞ。」

　老人は、カラムの肩に手を置いて言った。
「いえ、あなたのおかげです。なんとお礼を言ったらいいか。」

　カラムは、さらに、感謝の言葉を続けようとした。
「いや、もう時間がないのだ、少年よ。おまえたちはただちに帰らねばならん。」

　老人のつえが、輪を描いてヒュッとうなると、火花が飛び、周りの景色がゆがんで絡み合いながらカラムの周りを回り始めた。カラムは激しいめまいを感じた。

　────気がついて目を開けると、彼とディフは帰っていた。あの洞窟の中に。

　集まった王国の戦士たちは、カラムを見てどよめいた。そして、彼が立ち上がり、黄金の箱を高々と掲げると、人々は一気にこぶしを突き上げ、割れるような歓声をあげた。互いに抱き合う者、踊り出す者、洞窟の中はハチの巣をつついたような大騒ぎになった。ただ一人、ガンゼルフだけは、静かにほほ笑み、たのもしそうにカラムを見つめていた。

　薬草を与えられたレブロン王は、死への一本道を引き返し、回復へと向かい始めた。カラムはというと、そう、彼は、彼の冒険の中にちょっとした手助けがあったことを誰にも話さなかった。

　ヒーローになることも、やっぱり悪くないと思いなおしたらしい。

　実は、このモデルの物語は二つとも、イギリスの教育省が全国の教師向けに、授業実践への活用を奨励するために作成した教材集ウェブサイトに掲載されていたものを、筆者が教諭時代に、日本の自分のクラスで授業をするために作り直した改作教材です。作者名の伊勢院忠太（いせいんちゅうた）の平仮名を並べ直すと、筆者の名前である丹生裕一（たんせいゆういち）になります。

　モデルを自作（改作）して学習者に提示することには二つの大きな利点があります。一つ目に、「自分の身近にいる、しかも、素人のはずの人が書けるのなら、自分も書けそうだ。」と学習者に思わせることができます。二つ目に、「構成の検討」や「考えの形成・記述」のスキルに関してこれから学習者に掴ませようとするコツを、意図的にモデル作品の中に織り込んでおくことができます。

　これら二つの物語は、読者のみなさんに教材として自由に使っていただいてかまいません。

（2）冒険の物語を書く目的を理解させる

　どの物語も、それぞれのジャンル毎に固有の役割を担っています。冒険の物語について言えば、それは、読む人をハラハラ、ドキドキさせることでしょう。これはとても重要で、学習者は物語をこの目的のために展開させていくのです。そして、この視点からモデルの物語

を読み直して、どこが「ハラハラ、ドキドキ」感を高めているのかを見極めて、おしゃべりをする時間をとるとよいでしょう。

（３）語彙を集めさせる

　モデルの物語から、自分の物語にも使ってみたい語句を選んで、ノートの特設ページ（「言葉の銀行」）に書き込ませます。「言葉の銀行」には本単元だけでなく、様々な機会に印象に残るフレーズを書き込むくせをつけておくとよいでしょう。

（４）マインドマップを描かせる

　この活動には**手順B**を採用します。

　まず次のように板書します。

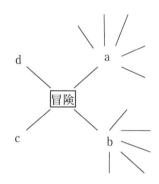

　一人を指名して質問します。

「手に入れたいもの・取り返したいものについて思いついたことを言って下さい。」
答えたことを、黒板のマップの「a」に書き込みます。そこから放射線状に何本も線を引き、例えば、次のような質問を順に隣の学習者へしながら、帰ってきた答えを次々に書き込んでいきます。

「なぜ、それを取り返したいのですか？」
「それはどのようにして盗まれたのですか？」
「それはどんな大きさ（色・形）ですか？」
「それには何か秘密がありますか？」

　次に、また別の学習者に質問します。

「宿敵はどんな相手ですか？」

　答えたことを、黒板のマップの「b」に書き込みます。そこから「a」の時と同じように、次のような質問を順に隣の学習者へしながら、帰ってきた答えを次々に書き込んでいきます。

「その相手はどんな容姿をしていますか？」
「その相手は主人公とどんな関係ですか？」
「その相手はどんな力を持っていますか？」
「その相手に弱点はありますか？」

このように、一つのアイディアから沢山の線を延ばしそれを特徴付ける言葉を書き加えていくことがコツであることを伝えて、自分のマップを書くように指示します。「手に入れたいもの」「宿敵」の他にも、「アイテム」や「仲間」などについて思いついたことを同じ要領で書くようにさせます。この時に「a」や「b」のアイディアの一部を真似してもよいことを伝えておくと、「書くことがない」と嘆く学習者はいなくなります。

② 構成の検討

（1）あらすじを考えさせる

　次の段階はあらすじを考えることですが、難しいので、ここでは、**手順C**を採用します。まず、あらすじを考える際のコツとして冒険の物語の構成は基本的に「冒頭・展開・窮地・山場・終局」の五つのパートから成り立つことを伝えます。

　そして、それぞれのパートごとの内容を一文か二文で書くように指示します。途中でお互いのアイディアをシェアさせた後、作業を進めさせます。ここで重要なことは、全員が全てのパートを完成させるまで待つ必要はないということです。「窮地」までのあらすじが見通せていれば、問題なく物語を書くことができます。どうせ、書いている最中に様々なアイディアが新たに学習者の頭に浮かんできて、この計画は大きく修正されていくのが常です。しかし、最低でも「冒頭」のアイディアぐらいは書けていないと立ち往生してしまいます。「冒頭」のアイディア獲得に苦労することが予想される学習者がクラスの中にいる場合は、事前に手を打っておくことが必要です。（いくつかの事例を用意しておいて、選ばせる等。）

冒頭 （主人公のくらしに冒険のきっかけとなる事件が起きる。）	
展開 （主人公が目的の場所を目指す途中にいろいろなことが起きる。）	
窮地 （主人公が最大の問題に直面し、ピンチに陥る。）	
山場 （主人公が、思いがけない方法で一気に問題を解決する。）	
終局 （主人公が元の場所に帰る。または、新たな冒険へと向かう。）	

（2）設定を考えさせる

　まず、「冒頭」の場面の設定を考えさせます。「設定」とは、いつ、どこで、どんな状況で等に関する内容のことです。ノートにそれらの情報を書き込んだら、その場面をスケッチし

て、鍵となる部分に言葉で説明書きを加えさせます。ここで指導すべきコツは「窮地」や「山場」の内容と関連づけて考えることでした。モデルの物語を例に挙げて説明するとよいでしょう。手順Cの形です。

　「ゴンの短い冒険」では、真冬の冷たい雨が降っている日という設定です。これがぽかぽかと暖かいうららかな春の日だったら、これから主人公たちが経験することになる様々な出来事に、読者はあまりハラハラ、ドキドキはしないでしょう。一方「カラムの冒険」では、大きな洞穴の中に民衆が集まっている戦時下の状況から始まります。ここが現実の世界ではなくファンタジーの世界であり、これから始まる冒険は危険がつきまとうものであることが暗示されています。

　これらのことを説明した後、学習者に、前時に自分が考えたあらすじにハラハラ、ドキドキ感を加えることができる設定を考えて、その場面のスケッチと Labelling をさせます。Labelling とは、絵や写真の各部分について、そこから線を延ばして言葉による説明を書き込むことです。イギリスでは教育用語として一般化されています。

　「冒頭」のパートだけでも十分ですが、早く終わった学習者には、別のパートを選んで同じことをさせます。

　参考までに、「カラムの冒険」を改作した際に、筆者が行った「冒頭」の場面のスケッチと Labelling を掲げます。

「冒頭」の設定

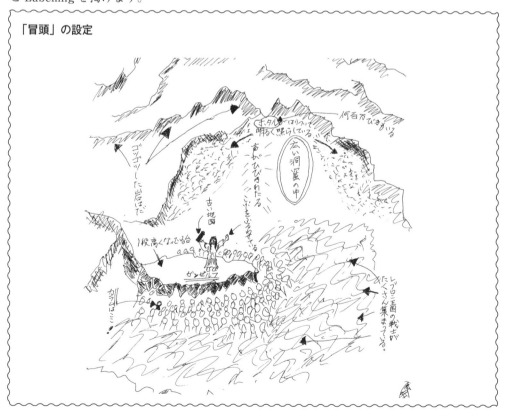

（3）登場人物の特徴（持ち味）を考えさせる

　まずは、主人公の名前、年齢、身分や仕事、人柄（長所と短所）、他の特徴（特技・体格・服装・口癖など）について考えさせます。その際のコツは「設定」を考えたときと同じで、「窮地」や「山場」の内容と関連づけて考えることです。つまり、書き手は、このキャラクターだからこそ、その問題が大きくなっていく、あるいは解決のきっかけになるというように考えるのです。特に、短所や弱点を持たせることは重要です。主人公にこれがあることで、読者は主人公に対して親近感を持ち、感情移入が容易になります。さらに、ハラハラ、ドキドキの要素も生み出しやすくなります。

　「ゴンの短い冒険」関して言えば、兄・健一の、よく考えずに行動を起こしてしまう性格のせいで問題が拡大してしまいます。それに対して冷静でしっかり者の妹の由美ですが、その由美でさえ、とうとう泣き出してしまうくらいに困ったバスの中の状況に読者はハラハラ感を抑えることができないでしょう。一方、「カラムの冒険」では、主人公にもましてお調子者で、大失敗をしてしまった相棒のディフが、「山場」の緊迫した場面であんな働きをするとは読者の誰も予想していなかったでしょう。その意外性が、それまでのハラハラ、ドキドキ感を、驚きとともに一気に快感に変えるのです。

　これらのことを説明した後、名前、年齢、身分や仕事、人柄（長所と短所）、他の特徴（特技・体格・服装・口癖など）の項目毎に、思いついた順に書き込ませます。主人公の特徴をある程度定めることができた学習者から別の登場人物についても同じことをさせます。ここでも、すべての登場人物について確定させる必要はありません。

名前	年齢・身分や仕事	人柄（長所と短所）	他の特徴 （特技・体格・服装・口癖など）

③ 考えの形成・記述
本文を記述させる

　ここまで、書くためのアイディアが溜まってきたら、学習者から「もういい加減に書かせて下さい。」とか「書きたいことが多すぎて忘れてしまいそう。」などという声が上がるかもしれません。そうなったらしめたものです。いよいよ記述です。でも、その前に各パートごとに用いると効果的なレトリックの一覧（フェイズ1参照）を配布し、内容を解説して、それを踏まえるとよいことを伝えてから書かせ始めて下さい。時間をたっぷりとる必要がありますが、勿論、途中で、それまでに書いた文章を互いに読みあってアイディアを共有することも取り入れた方がよいでしょう。この単元では、友達のアイディアをもらうことをよしとする約束をしておく必要があります。友達からアイディアを真似された人はそれを誇りに思うように予め共通理解を図っておきます。

④ 推敲
推敲をさせる

　各自が草稿を書き上げたなら、推敲をさせます。この時、重要なことは、これまでの手順を通して学習者が学んできたコツ以外の新しい内容は指導しないことです。これまでに学んできたコツの数々を、ノートを振りかえって確かめ、それらが自分の文章に生かされているかどうかを自分の目で確認させるのです。それがすんだ学習者から、「表記上のミスをなくすため」（※フェイズ1参照）のコツを提示して、再度修正をさせます。

フェイズ3 授業毎の形成的自己評価の時間と当該授業以外の教育活動における成功体験の機会を保証する

　各「学習過程」のスキル習得の学習毎に、自分の学びに対して、星五つのうちいくつをつけることができるか、自己評価をさせます。

　その後に、「先生へ」という表題で簡単な手紙を書かせます。そこには、自分が、獲得したアイディアや書いた文章のなかでも、最も誇りに思う内容や表現は何かを説明するように指示をします。こうすることで、学習者は、物語の書き手としての自分の力量をメタ認知し、その進歩を実感してうれしくなります。

　さらに、自分が困難を感じたこと、例えば、「冒頭・展開・窮地・山場・終局」のどのパートを書くことが難しく感じたのか、あるいは、記述するときに示されたレトリックのうち応用したくてもできなかったのはどれか等を書くように指示します。これらのことは、学習者にとって学びのownershipを育むだけではなく、教師にとっても、クラスの学習者の物語を書くスキルを確実に伸ばしていくために不可欠の情報となります。

　次に、長いスパンで考えてみましょう。この単元で学んだことは、「冒険」の物語だけではなく、他のタイプのプロットの物語、言い換えると、読み手の心に種類の異なる感動を呼び起こす物語を書く際にも応用することができます。例えば、次のようなものが考えられます。

「成長」：弱みを持った主人公が、ある出来事に巻き込まれ、様々な人と出会い、様々な経験をするうちに、大きく成長を遂げるプロット

「克服・達成」：主人公が、ある目的に向かって、努力を重ね、沢山の障害を乗り越えてとうとう目的を成し遂げるプロット

「心の通い合い」：近しい間柄だった二人が、事情で疎遠、あるいは敵対関係になるが、ある出来事をきっかけに再びつながっていくプロット

「ロマンス」：思いを寄せあう二人が、ある事情によって会うことができなくなる日々が続くが、偶然の出来事によって事態が急変し最後には結ばれるプロット

　それぞれのプロットのタイプを代表する過去の優れた作品にどんなものがあるか理解させ、気に入ったプロットを選んで物語を書く経験を、学期毎にさせるといいでしょう。その際、自分は「題材の設定・情報の収集・内容の検討」「構成の検討」「考えの形成・記述」「推敲」のうち、どの「学習過程」に困難を感じているかを認識させ、課題意識を持たせることが重要です。教師はクラスの学習者の課題意識を把握し、可能な限り、それらのスキルを再トレーニングする機会をつくると、学習者の能力とownershipは格段に高まります。

　学習者がこの年代になると、物語の中にメッセージ、つまり、自身が気がついた人生における真理（例えば、「どんなに努力したからといって夢が叶うとは限らない。しかし、別の価値あるものを得ることはできる」等）を織り込んだ作品が出てくることがあります。そんなときは大いに賞賛し、他の学習者にも紹介してあげましょう。一つ上の次元の、優れた文学作品を書こうとする態度だけではなく、人間的な心の成長をも期待することができます。

第Ⅵ章

説明的文章を書くスキルを
トレーニングする

1 授業づくりの手順

フェイズ1 習得させようとするスキルの構造（what to teach）を具体的に把握する

説明的文章を書くスキルをトレーニングする際にも、文学的文章を書くスキルをトレーニングするときと同じように、教師が考えねばならないことは次のことです。

> "書けない子"はどの「学習過程」のスキルの、どんなコツを身につけていないのかを見極める

"書けない子"というのは、「題材の設定・情報の収集・内容の検討、構成の検討、考えの形成・記述、推敲」という、一連の説明的文章を書く「学習過程」のどこかで、「何を書いたらいいのか分からない」、または「書きたい事柄はあるがどう書いていいのか分からない」と、立ち往生してしまう学習者のことです。

そこで、その学習者が立ち往生すると思われるそれぞれの「学習過程」で、どのようなコツをつかませればいいのかと考えるのです。そのコツとは、我が国の、あるいは世界共通の文化の歴史の中で培われてきた、それぞれの文種の説明的文章の書き方の慣習です。

しかし、ここで注意しなければならないことは、文学的文章を書く場合とはかなり事情が変わってくるということです。

まず、「題材の設定・情報の収集・内容の検討」の「学習過程」において、文学的文章を書く場合は、自分の頭の中でアイディアを生み出すことに重点が置かれるのに対して、説明的文章を書く場合は、調査をして外の情報を獲得することに重点が置かれます。また、説明的文章の場合、書こうとする文種（研究レポート、意見文、新聞、ガイドブック等）によって、それぞれの「学習過程」で習得すべきスキルの内容が全く異なってきます。ですから、それぞれの文種の、それぞれの「学習過程」で習得すべきスキルとそのコツを教師が把握しておかなければなりません。

フェイズ2 そのスキルの効果的な習得が可能な活動（how to teach）を編成する

説明的文章を書くスキルを身につけるための学習活動には、文学的文章を書く場合と同じく、意欲を刺激する要素を含ませることに、ことさら努力する必要はありません。なぜなら、説明的文章を書くこと自体が自分が知っていることを誰かに伝える喜びに満たされているからです。要は、書けるようにしてあげればいいのです。説明的文章を書くための「学習過程」

毎に、スキル習得のコツを掴ませればいいのです。

　教師は、文学的文章を書くスキルをトレーニングする時と同じように、次のことを考えて活動を設定する必要があります。

> **コツを認識、習熟させる手順を、それらの難易度に合わせて最適化する**

　前節で示した**手順A**、**手順B**、**手順C**を基本にして、掴ませようとするコツの難易度や内容によって、授業展開を最適化させます。

フェイズ3　そのスキルの習得の具合を自覚する機会を設定する

　学習者の、優れた説明的文章の書き手としての学びのownershipを高めるために、ここでも次のことを考慮する必要があります。

> **授業毎の形成的自己評価の時間と当該授業以外の教育活動における成功体験の機会を保証する**

　毎時間の授業においては、授業の始めに「この時間で習得を目指すスキルは何か」を示し、授業の終わりには「自分はそのスキルをどれくらい習得できたのか？」「自分はそのスキルのどんなコツの応用を苦手としているか」等をふり返らせる形成的自己評価の時間を設けることを徹底します。

　また、長いスパンで考えますと、優れた説明的文章の書き手としての学びのownershipを高めるチャンスは、文学的文章のそれより多くあります。学校における、他教科の学習や日常生活の中に、教師が前もって、それらを意図的に組み込むことができるからです。例えば、「報告文」という文種を書くスキルのトレーニングをする国語科の単元があるのであれば、その後に、そのスキルを活かして社会科や理科（生活科）で調べたことを「報告文」にまとめる活動を設定するのです。長期休業の自主学習で調べたことを「報告文」の形式でまとめさせることもできます。

2　具体事例

「しらせたいな、見せたいな」

（光村図書・1年下）

　この単元では、対象の様子について具体的に説明する紹介文を書く能力を育てることができます。テーマは「学校で見つけたものを家の人に知らせる」です。

　教科書には次の三つの過程が示してあります。

　　1　しらせたい　ものの　えと、見つけた　ことを　かきましょう。
　　2　見つけた　ことを、　文しょうに　かきましょう。
　　3　こえに　だして　よみかえしましょう。

①の過程には、知らせたいもの（モルモットのもこ）のスケッチとその各部分について線を引いて短く説明する言葉を書き込んだ児童作品例が掲げられています。

　②の過程には、四つの段落で書かれた報告文の児童作品例が掲げられています。

フェイズ１　"書けない子"は、どの「学習過程」のスキルの、どんなコツを身につけていないのかを見極める

　小学校１年生の、おそらくほとんどの学習者が初めて書く報告文ですから、上記のすべての過程で、丁寧にコツを指導する必要があります。

　まず、①の過程で学習者に掴ませるべきコツは何か考えてみましょう。教科書には明示されていませんが、この過程には、実は二つの異なる段階が混在しています。まずはそれをはっきりさせねばなりません。曖昧にしたままだと、伸ばそうとするスキルを具体的に把握することができないからです。それは次の二つの段階です。

　①「しらせたい　もの」を決める
　②「見つけた　こと」を書く

　クラスの中には、「しらせたいものを決めなさい」と教師が指示をしたとしても決められない学習者がきっといるでしょう。それでは、どんなコツを教えてあげれば、それらの学習者は、それができるようになるのでしょう。次のようなものが考えられます。

　◎自分が、または、家族の誰かが好きなもの（こと）をさがすとよい。

　◎珍しいもの・きれいなもの・おもしろいものをさがすとよい。

　次に、「それについて見つけたことを書きなさい。」と指示をしてもやはりできない学習者がいると思います。彼らに必要なコツは次のことです。

　◎五感を通して、つまり、見たり、聞いたり、におったり、さわったりして気がついたことを書くとよい。

　この過程の学習者に提示する目当ては「しらせたいものをきめて、そのとくちょうをみつけることができるか？」とします。

　次に、②の過程について考えてみましょう。おそらく、「見つけたこと」の中から、どれを選んで、どんな順序で書こうか迷う学習者が出てくるでしょう。彼らに必要なコツは次のことです。

◎一番目立つ特徴から書く。

◎よく観察しないと分からない特徴をその後に書く。

　この過程の目当ては「わかりやすいように、じゅんばんに気をつけて書くことができるか？」とします。

　最後に③の過程です。何に注意して読み返すのか、指標を示してあげる必要があります。教科書に例示してある内容の他にも、例えば次のようなことが考えられます。

◎文が終わったら、同じ行に続けて次の文を書いているか。

◎段落をかえたなら、次の行の最初の一マスは空けているか。

　この過程の目当ては「もっとわかりやすくするためのポイントに気をつけて書きなおすことができるか？」とします。

フェイズ2　コツを認識、習熟させる手順を、その難易度に合わせて最適化する

　指導の手順に最も工夫を要するものは①の過程でしょう。

　学習者に、教師が配布した学習シートを探検ボードに挟ませて、自由に校内に探しに行かせることはリスクを伴います。そこで、予め、生活科の学習内容の学校探検でクラスの子供たちを引率した際に、様々なものに注意を向けたり、手にとってさわらせたり、においを嗅がせたり、音を聞かせたりして、特に子供たちが興味を示したものを全てデジカメで撮影します。そして、それらをプリントアウトして教室内に掲示しておきます。

　さて、学習者のそれぞれに、家族に知らせたいものを考えさせるわけですが、一定の割合の学習者が、すぐに何かしらを考えつくことが期待できるので、ここでは**手順A**を選択します。

①実践

　掲示された写真の中から選んだり、それらからヒントを得たりして、家族に知らせたいものを考えさせる。

②成果の共有

　思いついた数人の学習者を指名して自分の考えを発表させる。

③コツの抽出

　それぞれの発表に対して、なぜそれを選んだのかをたずね、「自分、または、家族の誰かが好きなもの」「珍しい、きれい、おもしろいと思うもの」等のコツを抽出し板書する。

④再実践

　コツを意識して再度、知らせたいものを考え、学習シートにスケッチさせる。さらに、その絵のなかに、五感を通して気がついたことを言葉でLabelling（第Ⅴ章・2・「冒険の物語を

書く：フェイズ2」p.76参照）するよう、見本を見せながら説明する。１枚目を完成させた学習者には２枚目に挑戦させる。

フェイズ3 授業毎の形成的自己評価の時間と当該授業以外の教育活動における成功体験の機会を保証する

　学習の目当てを、汎用的、具体的な文言（「しらせたいものをきめて、そのとくちょうをみつけることができるか？」）にして提示しましたので、授業の最後に、その目当てに対して自分がどれくらい満足したのかを星の数等で自己評価させることができます。

　また、生活科での活動の成果を国語科で応用したのだから、逆に国語科で習得したスキルを生活科で応用することを意図して計画をしておくといいでしょう。自然や社会現象に関することを観察し、記録する際に、この報告文を書くための様々なスキルは役立つに違いありません。その度、どんなコツが必要だったのかを思い出させ、また、活動後には自分が書いた報告文にどれくらい満足しているのかを確認させることで、学びのownershipが身に付いていきます。

「この人を　しょうかいします」

（東京書籍・２年下）

　この単元では、対象の特徴について順序よく説明する紹介文を書く能力を育てることができます。テーマは「身の回りの人を友達や先生に紹介する」です。
　教科書には次の四つの過程が示してあります。

　　１　しょうかいする人をきめる。
　　２　しょうかいすることをせい理する。
　　３　しょうかいする文しょうを書く。
　　４　文しょうを読み合う。

　１の過程には、身の回りの「物知りな人・何かに詳しい人・何かをするのが好きな人・何かをするのが得意な人」を思い出すとよいことが書かれています。
　２の過程には、その人について伝えたいことを一つずつ書いたカードの事例が示されています。
　３の過程には、児童作品の例が掲載されています。

フェイズ1 “書けない子”は、どの「学習過程」のスキルの、どんなコツを身につけていないのかを見極める

　この年代の学習者が最も苦労するのは２の過程だと思われます。１の過程では、教科書に

効果的なコツがすでに示されています。ですが、紹介する人が決まっても、②の過程で、その人の何を紹介すればいいのかを言葉にして書き出し、それをうまく伝わる順に並べて整理するためのコツが示されていません。

　その人の何を紹介すればいいのかについて考えるコツは、次のことです。

　　◎**次のポイントに即して考えるとよい。**
　　　○その人の特徴をまとめて一言で言うと？
　　　○その人だけが持つ特徴を詳しく言うと？
　　　○その人のおかげで、どんないいことがある？
　　　○その人がしている工夫や努力は何？

　そして、これらの「ポイント」に即して考えた事柄をうまく伝えるコツは、**それらを全体から部分へ、あるいは抽象から具体への順に説明することです。**しかし、この年代の学習者にとって、紹介したい事柄を思いつくことができても、何が全体・抽象で、何が部分・具体なのかを判断することに困難を感じる場合が多いでしょう。そこで、紹介する事柄を考えさせた後で、「全体・抽象から部分・具体へ」の順序に並べ直させるトレーニングが必要になります。

　この過程の本時の目当ては「紹介したい人について、どんなことを、どんな順序で紹介するのかを考えることができるか？」とします。

フェイズ2　コツを認識、習熟させる手順を、その難易度に合わせて最適化する

　ここでは、紹介することを書き出すことと、うまく伝わる順に並べることの二つに分けて、手順Cを繰り返します。二つの思考を同時に要求して、学習者を混乱させることを避けるためです。

【紹介することを書き出す】
①**コツの提示**
　まず、コツ（上記の四つのポイント）を提示する。
②**実践**
　次に、コツに従って、紹介する事柄を学習シートに書かせる。四つのうち、一つのポイントに複数の事柄を書いてもよいことを指示しておく。
③**成果の共有**
　ペアやグループで考えを交流させている間に机間をまわって、四つのうち、比較的に書かれている事柄が少ない「ポイント」について、数人の学習者の考えを全体の前で発表させる。
④**再実践**
　友達の考えに触発されて気がついた事柄をさらに書き加えさせる。

【うまく伝わる順に並べる】

①**コツの提示**

　まず、上記の、うまく伝えるためのコツ（全体・抽象→部分・具体）を提示する。

②**実践**

　次に、コツに従って、学習シートに書いた、紹介する事柄を並べてみる。

③**アイディアの共有**

　ペアやグループで、なぜそのように並べたのか、自分の考えを説明させている間に机間をまわって、コツに即して説明できている学習者の考えを全体の前で発表させる。

④**再実践**

　友達の考えを聞いて、どんなことが全体（抽象）で、どんなことが部分（具体）なのかを理解し、もう一度、自分が紹介する事柄を並べ直す。

フェイズ3　授業毎の形成的自己評価の時間と当該授業以外の教育活動における成功体験の機会を保証する

　学習の目当てを、汎用的、具体的な文言（「紹介したい人について、どんなことを、どんな順序で紹介するのかを考えることができるか？」）にして提示しましたので、授業の最後にその目当てに対して自分がどれくらい満足しているのかを自己評価させることができます。そうして、書き手としての自分の成長を実感させます。

　また、この単元の活動と逆の活動を学習者にさせると、喜ぶでしょう。つまり、家の人に、学校の先生や友達のことを紹介する文章を書いて、読んでもらうのです。それぞれの学習者が、直接の読み手の反応を見ることができるので、学んだことが役に立っていることを実感することができ、学びのownershipが育ちます。

「もしものときにそなえよう」

（光村図書・4年下）

　この単元では、資料を調べて分かったことを根拠にして自分の意見を伝える報告・意見文を書く能力を育てることができます。テーマは「自然災害にどうそなえるとよいか」です。

　教科書には、次の六つの学習の過程が示してあります。

　　１　テーマを決めて、調べよう。

　　２　調べたことを整理しよう。

　　３　組み立てをたしかめよう。

　　４　考えを伝える文章を書こう。

　　５　書いた文章を読み返そう。

　　６　文章を読み合い、感想を伝えよう。

①の過程には、「台風・大雨・大雪・かみなり・じしん・つなみ・火山のふんか」などの中からテーマを選んで複数の本を読んだり、ちがう方法で調べたりして、カード等に書き出すよう指示してあります。

　②の過程には、自分の考えをはっきりさせたり、文章の組み立てを考えやすくしたりするために、調べて分かったことを内容ごとに分類して整理するように指示してあります。

　③の過程で、考えを伝える文章を「初め」「中」「終わり」の組み立てで書くように指示した後、④の過程には、二つの児童作品例が掲げられています。

フェイズ1　"書けない子"は、どの「学習過程」のスキルの、どんなコツを身につけていないのかを見極める

　本単元では、①、②、③の過程の指導に重点を置く必要があります。

　まず、①の過程では、「自然災害の例の中からテーマを一つ選んで、調べなさい。」と教師が指示をしたところで、すぐに動き出せる学習者は少ないでしょう。その災害のどんなことについて調べれば、「この災害にはこのようにそなえればいい」という自分の考えをもつことができるのかが分からないからです。そこで、学習者に掴ませたいコツは次のことになります。

　◎「その災害の何がどのようにおそろしいのか」、「その災害が起きてしまったらどうすればいいのか」について調べるとよい。

　この過程の目当てを、「知らせる必要のある事柄を調べ、選ぶことができるか？」とします。

　②の過程で、「自分の考えをはっきりさせる」ために必要なコツは次のことです。

　◎調べて分かったことのうち、いくつかの事柄を結び付けてどのようにそなえるのかを決めるとよい。

　◎調べて分かったことのうち、最も重要な事柄に目をつけてどのようにそなえるのかを決めるとよい。

　③の過程で、自分の意見文の組み立てを考えるときに必要なコツは次のことです。

　◎「自分の考え」「根拠（事例）（1）」「根拠（事例）（2）」「自分の考え（メッセージ）」の組み立てにするとよい。

　◎「根拠（事例）（1）」「根拠（事例）（2）」の内容は、②の過程で自分の考えをはっきりさせるために結び付けたり、着目したりした事柄にすればよい。

　①の過程の前に、予め、教師が、台風、地震、大雨の災害について、「その災害の何がどのようにおそろしいのか」、「その災害が起きてしまったらどうすればいいのか」に関する情報が織り込まれた資料をクラスの人数分作成しておきます。各省庁や機関が公開している子供向けサイトの内容を編集してプリントアウトするとよいでしょう。

　①の過程では、**手順C**を採用します。教師が準備した資料の中から一つ、例えば、「大雨」の資料を学習者に配付して、「その災害の何がどのようにおそろしいのか」、「その災害が起きてしまったらどうすればいいのか」について、分かったことをカードに書くように指示をします。カードに書いた内容を学習者に互いに発表させて、新たに気がついたことをもう一度カードに書かせます。

　続いて、②の過程に入ります。ここは、**手順A**に準じます。ある程度の割合の学習者が自力で自分の考えをひねり出すことが期待できるからです。

①実践

　「大雨」について調べて分かったことを踏まえて、どのようにそなえるとよいか、一文で書くように指示をする。

②成果の共有

　数人に、自分の考えを発表させる。

③コツの抽出

　発表者のそれぞれに、「どこからそう考えたのか？」とたずねて、「調べて分かったことのうち、いくつかの事柄を結び付けてどのようにそなえるのかを決めるとよい。」「調べて分かったことのうち、最も重要な事柄に目をつけてどのようにそなえるのかを決めるとよい。」というコツを抽出し、板書する。

④再実践

　これまでの作業が完了していない学習者はそれを継続させ、完了した者は教室後方にまとめておいてある「台風」の資料と「地震」の資料のどちらかを選び、これまでに「大雨」の資料を用いて行ってきたものと同じ作業を各自でさせる。

　③と④の過程では、まずは　③の過程のコツを提示し、「台風」「地震」「大雨」の中からテーマを一つ選んで組み立てメモをつくらせてから意見文を書かせます。クラスの数人が書き上げたころを見計らって、それらの学習者の意見文を全体に紹介します。その後、その他の学習者には自分の意見文を書き上げたり修正したりするように指示をします。一つ目を書き上げた学習者には、他の二つのテーマについても③と④の過程をつなげて報告文を書かせるようにします。

授業毎の形成的自己評価の時間と当該授業以外の教育活動における成功
体験の機会を保証する

　①と②の過程と③と④の過程はそれぞれ１単位時間にまとめた方が効率的です。そして、
それらの授業の最後に、自分の学びに星をいくつつけることができるのかを自己評価させま
す。さらに、どの過程に困難を感じ、次はどの過程のスキルを強化したいのかを具体的に意
識させることが重要です。その結果を受けて、教師は、今後、どの学習者にどの過程のスキ
ルを重点的に指導すべきなのか、また、必要なコツの精選やその提示の仕方の工夫をどうす
るのか等を考え、必ず実践していかなければなりません。

　長いスパンで考えれば、この単元で学んだ「ある問題について実情を具体的に把握して、
その対策を考える」という思考の手順は、クラス内で起きる問題を解決するための話し合い
等に活かすことができます。そのような機会の度に、教師が、この単元で学んだ自分の考え
を持つためのコツを思い出させ、成功体験につなげる必要があります。

「『ふるさとの食』を伝えよう」

（東京書籍・４年下）

　この単元では、資料を調べて分かったことを根拠にして読み手を説得する文章を書く能力
を育てることができます。その手段として、「ふるさとの食」のよさを伝えるリーフレット
をつくらせます。

　教科書の最初のページに、児童作品例の表紙、裏表紙、中ページの左右の内容が掲載され
ています。続いて、次の四つの学習の過程が示してあります。

　　① おすすめしたいものを決める。
　　② 書くことがらを集めて整理する。
　　③ わり付けを考える。
　　④ リーフレットを作る。

　①の過程には、「生産がさかんな作物や食べ物・地元でとれる野菜や魚などを使った料理・
おみやげとして人気のある食べ物」からさがせばよいことが示してあります。

　②の過程には、書く事柄を書き出したカードの例が掲載されています。

　③の過程には、リーフレットのわり付けの例が掲げられています。

フェイズ1 "書けない子" は、どの「学習過程」のスキルの、どんなコツを身につ
けていないのかを見極める

　①の過程では、教科書にリーフレットのテーマをさがすコツがすでに示してあります。し

かし、②の過程には、「どんなことを書けば、自分の考えやその理由が読み手に伝わるのだろう。」と特設の枠に書かれているだけです。これでは、多くの学習者の動きが止まるでしょう。次のようなコツを示す必要があります。

◎その食べ物や料理と、地元の歴史、文化、気候等との間にどのような関わりがあるのかを調べるとよい。

◎同じ種類の他の食べ物や料理にはない、その食べ物や料理の特徴は何かを考えるとよい。

◎その食べ物や料理を生産する人の苦労や工夫、そこに込められた思いについて調べるとよい。

③の過程においても、次のコツを示して、具体的に説明しておかないと、ごちゃごちゃして読みにくいリーフレットができあがってしまいます。

◎タイトル・写真や絵・文章等のわり付けには、それぞれの配置や大きさ、文字のフォントや色について、規則性を持たせなければならない。

②の過程に焦点を当てて説明します。学習の目当てを、「おすすめする理由を説明する事例としてふさわしいことがらをさがすことができるか？」とします。

フェイズ2 コツを認識、習熟させる手順を、その難易度に合わせて最適化する

①の過程の後に、すべての学習者がそれぞれに、おすすめしようとしているものについて、教師はどこをさがせばよい情報が手に入るのかを自分で確かめる必要があります。②の過程の最初に、白紙の状態から学習者にさがさせると、収拾がつかなくなるからです。それが難しいなら、①の過程の段階で、予め、教師が用意しておいた候補から、紹介したいものを学習者に選ばせるといいでしょう。もちろん、それらの候補についての情報がどこをさがせばあるのかを教師は把握しておくのです。

②の過程は、難易度が高いので**手順C**に準じます。

①コツの提示
　上記の三つのコツの項目を提示するとともに、それぞれの項目ごとに書き込むように準備された学習シートを配布する。
②実践
　本や資料に情報がある場合は、教師が、それを含んだページを、それを必要とする人数分をコピーしてそれぞれに配布する。ウェブサイトにある場合は、アドレスを提示する。詳しい人に聞く場合には、本時までに教師、あるいは学習者の代表がインタビューを済ませてお

いて、内容を文字に起こしたものを配布する。それらの資料の中から、コツの項目に対応する情報を書き出すように指示をする。さらに、机間を回りながら、コツの項目にうまく対応しており、「おすすめの理由」として効果的なものを書いている学習者を把握しておく。

③成果の共有

　共通する「おすすめしたいもの」を調べている学習者でグループをつくり、調べた結果を交流させる。教師は、それぞれのグループをまわって、コツの項目にうまく対応しており、「おすすめの理由」として効果的なものを指摘して褒める。

④再実践

　友達の調べたことや教師の指摘に触発されて、視点や場所を変えて配布された資料を調べ直し、分かった事柄をさらに書き加えさせる。

フェイズ3 授業毎の形成的自己評価の時間と当該授業以外の教育活動における成功体験の機会を保証する

　授業の最後に、②の過程の目当てに対して、自分の学びに星をいくつつけることができるのかを自己評価させます。さらに、自分が調べて発見したことがらのうち、おすすめの理由として最も効果的と思うものには赤丸を付けさせます。

　この学習で習得したスキルは、リーフレットをつくるときだけに有効なものではありません。何か、どこか、あるいは誰かのよさを紹介する文章を書く際、その理由や事例を挙げるには、ここで掴んだコツと同じような観点で考えればよいのです。そのような文章を書く機会が、これから高学年になる学習者には多く訪れることでしょう。そのような機会の度に、教師がこの単元で学んだことを思い出させ、成功体験につなげる必要があります。

「グラフや表を用いて書こう」

（光村図書・5年）

　この単元では、統計資料などのグラフや表を用いて、根拠を示しながら意見文を書く能力を育てることができます。テーマは、「わたしたちが、今、生きている社会が、くらしやすい方向に向かっているか」です。

　教科書には、次の五つの学習の過程が示してあります。

　　□1　自分の考えを持とう。
　　□2　自分の考えに合ったグラフや表を選ぼう。
　　□3　何を、どの順序で書くか決めよう。
　　□4　グラフや表を用いて書こう。
　　□5　書いた文章を友達と読み合おう。

①の過程には、次のような組み立てで意見文を書くように示してあります。

自分の考え（初め）→グラフや表の説明と、それをもとに考えたこと（中）→まとめ（終わり）

②の過程には、四種類のグラフや表が参考資料として、③では児童作品例が掲げられています。

フェイズ1　“書けない子”は、どの「学習過程」のスキルの、どんなコツを身につけていないのかを見極める

本単元では、①と②と③の過程のつなぎ方に工夫が必要です。

まず、①と②の過程に焦点を当てます。困ったことに、この順序では、学習者が思考しにくい状況が発生します。いきなり、「わたしたちが、今、生きている社会が、くらしやすい方向に向かっているかどうか」について自分の考えを持つように言われても、答えはある面においては“Yes”でもあり、またある面においては“No”だからです。

ですから、ここは、①と②の過程を統合して「1・2 社会生活に関わる統計資料（グラフや表）を選んで読み取ったことをもとにして、自分の考えを持つ。」とする方がよいと思います。「〜選んで……」としたのは、本単元では、学習者に「役に立ちそうな統計資料を探して見出す」スキルを習得させるより、「統計資料を読み取ったことをもとに自分の考えを持つ」スキルを習得させることに重点を置く方が効果的だからです。教科書に掲載された統計資料のグラフや表がクラスの実態にそぐわないのであれば、学習者に自力で集めさせてもいいのですが、その他にも、教師が適当な資料の幾種類かを予め準備しておく必要があるでしょう。

そうなると、この学習の過程は、次の二つのコツを連動して考えさせる必要があります。

◎次のようにして必要なことを読み取る。
　○複数の事実（値）を比べる。「○○より△△の方がより〜である。」
　○複数の事実（値）を結び付ける。「○○は〜であるのに、△△は……である。」

◎次のような三段論法で考えを組み立てるとよい。
　①このグラフ（表）は□□□□という事実を示している。
　②ということは□□□□推測できる。
　③だから、□□□□（くらしやすい方向に向かっている・くらしやすい方向に向かっていない）と考える。

これらのコツは、続く③の過程のコツに次のようにつながります。

◎教科書に示された文章の組み立てを、双括型で次のように具体化するとよい。

自分の考え（初め）

考え（□□□）＋根拠（⌐⌐⌐⌐）

グラフや表の説明と、それをもとに考えたこと（中）

事実（□□□を詳しく）＋根拠（⌐⌐⌐をもう一度）

まとめ（終わり）

事実（□□□を一言でまとめて）＋根拠（⌐⌐⌐をちがう言葉で言い換えて）＋考え（□□□をもう一度）

フェイズ2 コツを認識、習熟させる手順を、その難易度に合わせて最適化する

　まず、「1・2 社会生活に関わる統計資料（グラフや表）を選んで読み取ったことをもとにして、自分の考えを持つ。」の過程について説明します。ここでは、手順を少し工夫しなければなりません。

　掴ませたいコツとは直接には関わりませんが、グラフや表に示された数値の意味を理解することに困難を感じる学習者も多いはずです。ですから、まず、それに慣れさせる段階が必要でしょう。例えば、教科書に掲げてあるグラフや表について、次のようないくつかの質問や指示をする時間を取ります。

　　「2015年のごみの総排出量を示す"棒"を指で押さえなさい。となりの人と同じか確認しなさい。」

　　「平成13年の小学5年生の平均睡眠時間と平成28年のそれとはどちらが長いですか？」

　さて、全員がある程度慣れたところで、先述の、連動する二つのコツを掴ませるわけですが、**手順Cをベースに手順Aを囲い込む形式の授業を展開します。**

①コツの提示

　教科書に掲げてある四つのグラフや表のうちから一つを指定し、各学習者に、次のように思考の型（「三段論法で考えを組み立てる」コツ）を提示した学習シートの□□□の中に考えを書かせる。

> このグラフ（表）は[＿＿＿＿＿＿＿＿＿＿＿＿＿＿＿]という事実を示している。
> ↓
> ということは[＿＿＿＿＿＿＿＿＿＿＿＿]と推測できる。
> ↓
> だから、私は社会は暮らしやすい方向へ向かって（いる・いない）と考える。

②実践

　書くことができた学習者に、自分の考えを全体に発表させる。

③成果の共有

　それぞれの発表に対して、教師は「つまり、君は複数の事実（値）を比べて『○○より△

△の方がより～である。』と考えたんだね。」、あるいは「つまり、君は複数の事実（値）を結び付けて『○○は～であるのに、△△は……である。』と考えたんだね。」と必要なことを読み取るコツを抽出して板書する。このコツを掴ませることについては、まずは学習者に実践させているので**手順A**に準じている。

④再実践

これが済んだら、学習者に残りの三つのグラフや表の中から自分で一つを選び、同様の作業をさせる。一つを完成させたら、次のグラフや表についても同じように取り組ませる。

フェイズ3　授業毎の形成的自己評価の時間と当該授業以外の教育活動における成功
体験の機会を保証する

①～⑤の過程の学習がすんだ後に、自分の学びに星をいくつつけることができるのかを自己評価させます。さらに、どの過程に困難を感じ、次はどの過程のスキルを強化したいのかを具体的に意識させることが重要です。その結果を受けて、教師は、今後、意見文を書くことの指導を計画していきます。

長いスパンでいえば、ここで学んだ表やグラフの読み取り方や考えの持ち方を、テーマが決められたディベート活動に応用する成功体験を、あまり間隔の空かないうちにさせておきたいものです。また、長期休暇の課題として、学習者が自分で探し出した表やグラフを読み取って意見文を書くことをさせるといいでしょう。それができれば、自分はこれからいつでも意見文を書くことができる書き手になったという自覚を持たせることができます。

「反対の立場を考えて意見文を書こう」

（東京書籍・5年）

この単元では、身近な問題を解決する方策を、反対の意見を想定しながら提案する意見文を書く能力を育てることができます。テーマは「クラスをよりよくしていくにはどうすればよいか」です。

教科書の最初のページに、児童作品例が掲載されています。そして、次の五つの学習の過程が示してあります。

①　考えを整理する。
②　反対意見を予想して対応を考える。
③　構成を考える。
④　意見文を書く。
⑤　感想を伝え合う。

①の過程には、意見と理由のメモの例が、②の過程には、反対意見への対応のメモの例が、

③では「話題の提示・提案内容・提案理由・予想される反対意見・反対意見への対応・まとめ」の項目のある構想メモの例が掲げられています。

フェイズ1 "書けない子"は、どの「学習過程」のスキルの、どんなコツを身につけていないのかを見極める

教科書には「反対意見を考えて書く」ことが重視されていますが、その前の①の過程で、そもそも自分が提案したい意見やその理由を思いつくことのできない学習者が出てくることが容易に想像できます。そのためのコツは示されていません。さらに、②の過程では「反対意見を予想して対応を考える」ことになっていますが、単元の重点であるにもかかわらず、その具体的なコツは示されていません。

まず、①の過程のコツから考えていきます。身近な問題を解決するための意見文ですから、次のように考えるといいでしょう。

◎**対象としている事柄の現状を見直して、「問題点とその原因」、あるいは「長所や強み」を考えるとよい。**

◎**提案したい意見を思いつくためには、「問題点の原因」を解消する方法を考える、あるいは、「長所や強み」を活かす方法を考えるとよい。**

次に、②の過程のコツについて考えます。ここでは、反対意見を予想することと、その対応を考えることの二つに分けて考えます。「反対意見を予想する」ためのコツは次のようなものが考えられます。

◎**「もしも○○な人だったら、何が困るだろう？」と考えてみるとよい。**

◎**「もし、この意見通りにやってみたら、何か困ることが起きないか？」と考えてみるとよい。**

続いて、「その対応を考える」ためのコツは次のようになるでしょう。

◎**その反対意見が取り上げている「困ること」の解決策を考えるとよい。**

◎**その反対意見が取り上げている「困ること」は、実は心配に及ばないことを説明するとよい。**

本単元では、①と②の過程は1単位時間の中で連続させて完結した方が効率がいいでしょう。学習者に提示する目当ては「意見文で提案する内容とその理由、予想される反対意見とその対応について考えを持つことができるか？」とします。

フェイズ2 コツを認識、習熟させる手順を、その難易度に合わせて最適化する

　①と②の過程が連続した授業展開を考えます。ここでは、①の過程で**手順C**を用い、②の過程は難しいので、**コツを応用する練習**を挿入した**手順Cの発展型**を用います。

　【①の過程】

①コツの提示・②実践

　クラスの現状について、「問題点とその原因・それを解決する方法」と「長所や強み・それを活かす方法」との項目に分かれた学習シートに自分の考えを書かせる。

③成果の共有

　ペアやグループで考えを交流させている間に、机間をまわって全体に紹介すべき考えを見つけておいて、それを書いた学習者に全体の前で発表させる。

④再実践

　友達の考えに触発されて気がついた事柄をさらに書き加えさせる。ここで思いついた「方法」の内容が③の構想メモの「提案内容」に、「問題点とその原因」、または「長所や強み」の内容が③の構想メモの「提案理由」に当てはまることになる。

　【②の過程】

①コツの提示

　「反対意見を予想して対応を考える」ための上記のコツを示す。

※コツを応用する練習

　教師が、一つの意見を提示して、それに対して、「反対意見を予想する」ためのコツを用いて考えた反対意見を発表させる。さらに、それぞれの反対意見について「その対応を考える」ためのコツを用いて考えたことを発表させる。

②実践

　こんどは、自分の考えた意見に対して予想される反対意見とその対応を考えて学習シートに書く。

③成果の共有

　ペアやグループで意見交流させている間に、机間をまわって全体に紹介すべき「反対意見とその対応」の考えを見つけておいて、それを書いた学習者に全体の前で発表させる。

④再実践

　友達の考えに触発されて気がついた事柄をさらに書き加える。または、新たに書き直す。ここで思いついた内容が、③の構想メモの「予想される反対意見」や「反対意見への対応」に当てはまることになる。

フェイズ3 授業毎の形成的自己評価の時間と当該授業以外の教育活動における成功体験の機会を保証する

　　①〜④の過程の学習がすんだ後に、自分の学びに星をいくつつけることができるのかを自己評価させます。さらに、どの過程に困難を感じ、次はどの過程のスキルを強化したいのかを具体的に意識させることが重要です。その結果を受けて、教師は、今後、意見文を書くことの指導を計画していきます。

　　この単元で学習する「話題の提示・提案の内容・提案理由・予想される反対意見・反対意見への対応・まとめ」という文章構成は、意見文の王道です。社会に出てからも、この文種の文章を書く際には十分に通用します。

　　また、この文章構成で意見文を書く経験を繰り返す毎に、論理的に説明することが上達します。子供たちの問題意識を刺激するような出来事、例えば、平和、環境、人権等に関する社会科見学や調べ学習をする機会に、経験したことや分かったことを順番に並べて所々に自分の感想を入れ込むだけの無味乾燥な作文ではなく、自分の心に沸き起こった主張を誰かに伝えるための意見文を書かせる機会を設け、「ああ、あの国語の授業で意見文の書き方を学んだからうまく伝えることができた！」と実感させることができれば学びのownershipが育ちます。

第Ⅶ章

話す・聞くスキルを
トレーニングする

1　授業づくりの手順

フェイズ1　習得させようとするスキルの構造（what to teach）を具体的に把握する

　話す・聞くスキルをトレーニングする際に、教師が考えねばならないことは次のことです。

"話したり聞いたりできない子"はどの立場のどんなコツを身につけていないのかを見極める

　我々が、話したり聞いたりする営みを行う際には、様々な立場（例えば、インタビューの質問する側か、それに答える側か、あるいは、グループによる話し合いの司会者なのか参加者なのか）が存在します。ですから、話す・聞くことの学習をするときには、進行する活動において同時に生じる、それぞれの立場に固有のスキルを習得させなければなりません。これが書くことの学習と決定的に異なる点です。さらに、教科書に設定された単元に取り上げてある、話したり聞いたりする活動には、様々な形態、テーマ、目的等があり、それぞれに求められるスキルのコツも異なります。

フェイズ2　そのスキルの効果的な習得が可能な活動（how to teach）を編成する

　文学的文章や説明的文章を書くスキルをトレーニングする時と同じように、次のことを考えて活動を設定します。

コツを認識、習熟させる手順を、それらの難易度に合わせて最適化する

　これまでに何度も登場した、次のような手順A、手順B、手順Cを基本にして、授業展開を最適化させます。

　　手順A：①**実践**
　　　　　　②**成果の共有**
　　　　　　③**コツの抽出**
　　　　　　④**再実践**
　　手順B：①**モデルの提示**
　　　　　　②**コツの抽出**
　　　　　　③**実践**
　　　　　　④**成果の共有**
　　　　　　⑤**再実践**

手順C：　①**コツの提示**
　　　　　②**実践**
　　　　　③**成果の共有**
　　　　　④**再実践**

　ただし、「書くこと」の領域と異なるのは、コツに気づかせる場合（手順A・手順B）でもコツを提示する場合（手順C）でも、それぞれの立場（例えば、話し手なのか聞き手なのか、司会者なのか参加者なのか）毎に、学習者にコツを認識させる必要があるということです。

　また、コツに気づかせる場合、例えば、教師は自分がモデルとなって実演したり、学習者の誰かに実演させたり、あるいは映像を見せたりしますが、いずれの場合も、それらの情報は時間の経過とともに即時に流れて消えていってしまいます。後からコツは何だったのかを考えようとしてもうまくいかないことの方が多いでしょう。態度や表情、声のトーンや間の取り方等に関するコツならば実演や映像からすくい取ることができます。しかし、話したり受け答えをしたりする内容に関するコツは、実演や映像の会話の内容を文字に起こしたシナリオを、合わせて配布してあげなければなりません。

　さらに、書くことのトレーニングと異なり、一旦活動を開始させたら、途中でその流れを止めて指導することは控えねばなりません。それをすることで、話し合いの文脈や個々の学習者の思考を断ち切ってしまい、もう元に戻れなくなってしまうからです。つまり、**実践**の前までに（手順Aの場合は**再実践**の前までに）、その活動において想定される全ての立場のコツを学習者に認識させておかなければならないということです。

　最後に、対話や討論をする際には常に即時的判断が伴うので、そのスキルの習得には、より多くの体験が求められます。ですから、一単位時間の授業の中でも、コツの認識、実践、アイディアの共有の後、何度も再実践と形成的評価を繰り返す必要があります。

　これらのことから、どの**手順**に沿って授業を展開するにしろ、読むスキルや書くスキルのトレーニングと比べると、話す・聞くスキルをトレーニングする授業展開は複雑になる傾向があります。

フェイズ3　そのスキルの習得の具合を自覚する機会を設定する

　優れた話し手・聞き手としての、学びのownershipを高めるために、ここでも次のことを考慮する必要があります。

> **授業毎の形成的自己評価の時間と当該授業以外の教育活動における成功体験の機会を保証する**

　学びのownershipを持たせるには、毎時間の終わりに形成的自己評価を行うこととともに、実際に自分がそのスキルに熟達したことを実感する機会をつくる必要があることもこれまでと同様です。

ただし、話す・聞くことについては、学習者にそれを実感させる機会を多く設定することができます。他教科の学習や日常の学校生活中のあらゆる機会に設定することが可能です。しかも、その場で、学習者が瞬時にスキルの熟達を実感することができるのも、話す・聞く領域の学びの特徴です。

2　具体事例

「これは、なんでしょう」

（光村図書・1年下）

　この単元では、相手の話を聞いて質問したり、答えたりする能力を育てることができます。その手段としてクイズを出し合う活動をさせます。

　教科書には次のような学習の過程が示してあります。

　　□1　学校に　ある　ものから、　もんだいの　こたえに　する　ものを　きめましょう。
　　□2　もんだいに　する　ものの　かたちや、　はたらきなどを　ノートに　かきましょう。
　　□3　かいた　ことを　どの　じゅんばんで　いうかを、　はなしあいましょう。
　　□4　そうだんして　きめた　じゅんばんに、　もんだいを　出しましょう。

　それぞれの過程には、相談する二人の子どものイラストとセリフが書かれています。

■フェイズ1■　“話したり聞いたりできない子”は、どの立場のどんなコツを身につけていないのかを見極める

　一年生の学習者にこれらの過程を無事に完遂させることは骨が折れます。

　まず、コツを示す必要があるのは□2の過程です。この過程では、問題の答えが分かるようなヒントをいくつか考えてノートに書くようになっています。しかし、どのような事柄がヒントになるのか分からない学習者がいます。その学習者に示すべきコツは次のようなものです。

　◎それの形、大きさ、色、におい、さわった感じなどの五感を通した情報を書くとよい。

　◎それの使い方を書くとよい。

　◎それがある場所を書くとよい。

　しかし、これでクイズが出来たわけではありません。集めたヒントの中から、実際にクイズに用いるものを三つ〜四つ選ばねばなりません。その際に必要なコツは次のものです。

◎もんだいを出した後に、答える人が質問を２〜３回すると答えが分かる程度のヒントを
出すとよい。

　④の過程について、教科書には簡単な説明しかありません。しかし、この過程の活動を完
了することにも困難を感じる小学１年生は少なくないはずです。出題者がクイズを出して、
それに解答者が効果的な質問をし、それに対して出題者が的確に答え、解答者から答えが出
される。この一連の作業がスムーズにできなければ、学習者はがっかりするでしょう。です
から、この過程では、話す内容を考えるコツが重要になりますが、立場によってそれらの内
容が変わります。

<クイズに答える人（質問をする立場）>
　◎問題のヒントを考えたときを思い出して、それの形、大きさ、色、におい、さわった感
じ、使い方、またはそれがある場所等について聞くとよい。

<クイズを出す人（質問に答える立場）>
　◎一言で答えにくい場合には、何かと比べて言うとよい。例えば、「○○と同じくらいです。」
や「○○より大きい（小さい）です。」など。

　◎どうしても答えにくい場合には「答えにくいので他の質問にして下さい。」と言えばよい。

　④の過程で、学習者に提示する目当ては「ヒントだけでは分からないことを質問したり、
質問されたことにはっきりと答えたりできるか？」となります。

フェイズ２　コツを認識、習熟させる手順を、その難易度に合わせて最適化する

　最も複雑な手順を必要とする④の過程について紹介します。
　ここでは、**手順B**を採用した方が効果的です。

①モデルの提示
　上級生の子供同士がクイズを出しあっているシーンを動画で見せる。勿論、これは、予め
教師がシナリオを作って上級生の児童に演じてもらい、それを撮影したものである。
②コツの抽出
　「この人たちは上手に質問したり答えたりするためにどんな工夫をしていたのか。」と問いかけて、
クラス全体でそのコツを抽出する。態度を含めた話し方（相手を見て・普段よりゆっくり大きな声で等）
や、マナーを守ること（最後まで聞いてから答えたり手をあげたりする等）については、動画を見れば、
学習者の多くは気がついて発表し、コツを共通理解することができる。ところが、先述の、立場毎
の話す内容を考えるコツについては、動画を見ただけで気がつく学習者は少ない。そこで、動画を
見せた後、用意しておいたシナリオを印刷したハンドアウトを配って、クイズに答える人（質問をす

る立場)、クイズを出す人（質問に答える立場）のそれぞれについてどんな工夫をしていたのかを考えさせる。

③実践

コツの抽出ができたところで、実際にグループ内でクイズを出しあわせる。

④成果の共有

どのグループもお互いに出し終えたところを見計らって、コツを上手に用いることができたかどうか、コツの一つ一つを指しながら各自でふり返らせた後、机間を回って確認しておいた、上手にできたグループの例を紹介する。

⑤再実践

グループのメンバーを入れ替えてもう一度、実践させる。先ほどのグループで同じだった相手とは出会わないようにする工夫が必要。

フェイズ3 授業毎の形成的自己評価の時間と当該授業以外の教育活動における成功体験の機会を保証する

　4の過程の学習を終えたら、「ヒントだけでは分からないことを質問したり、質問されたことにはっきりと答えたりできるか？」という目当てに対して、自分の学びに星いくつをつけることができるかを考えさせます。それから、どの立場（質問する・質問に答える）の活動に自信があり、または、依然として困難を感じるのかを記録させます。一年生でも、そのくらいの判断はできるでしょう。そのことが、学びのownershipの芽生えになっていくのです。

　本単元において、質問をする立場のコツとして掲げた内容は、つまり、要素に分解して具体的にたずねる質問をするための汎用的なコツともいうことができます。質問に答える立場のコツについても同様に汎用的であり、これらのスキルはコミュニケーションの基本です。教師は、国語科は勿論のこと、その他の教科や学校の日常生活における機会を捉えて、ここで学んだコツをうまく応用している子供を見逃さず、賞賛し、全体に紹介することを徹底、継続するべきです。

「うれしく　なる　ことばを　あつめよう」

（東京書籍・2年上）

　この単元では、2〜3人で対話する能力を育てることができます。「言われてうれしかったことば」が話し合いのテーマです。

　そのために、教科書には次のような学習の過程を示してあります。

　　　1　うれしかった　ことばを　思い出す。
　　　2　どのように　して　話を　つなぐかを　考える。
　　　3　友だちと　話し合う。

①の過程には、話をつないでいくモデルのシナリオが提示されています。さらに、思い出したことばを書いたカードの事例が掲げられています。②の過程では、「質問をするとよい・少し詳しく答えるとよい・相手の話と似ていることを伝えるとよい」という三つのコツが示され、「質問するとき」と「似ていることを伝えるとき」の話形が示されています。③の過程には、3人の児童が話し合っているシナリオが掲げられています。

フェイズ1 "話したり聞いたりできない子"は、どの立場のどんなコツを身につけていないのかを見極める

　教科書を読むと、②～③の過程は、そのまま**手順B**に対応していることが分かります。ここでは、②の過程が重要になります。ここは、いわゆる**モデルの提示とコツの抽出**の段階です。しかし、教科書に示されたコツだけでは、学習者が応用するのに範囲が狭く、具体性に欠けるようです。次のようにします。

　**◎質問するときは、「いつ・だれが（に）・どこで・どうして・どのように」を使うとよい。
　特に、「どうして・どのように」は相手の答えをくわしくする魔法である。**

　◎質問されたら、答えだけではなく、少しくわしく話すとよい。（※教科書と同じ）

　◎自分のこととくらべて伝えるとよい。
　　○「私も　～です。」
　　○「私は　～ですが……。」

　◎相手の話の内容のよいところを伝えるとよい。

　②～③の過程で、学習者に提示する目当ては「しつもんをしたりそれに答えたりして話をつなぐことができるか？」となります。

フェイズ2 コツを認識、習熟させる手順を、その難易度に合わせて最適化する

　②～③の過程について紹介します。
　ここでは、勿論、**手順B**を採用します。

①モデルの提示
　上級生の子供同士がクイズを出しあっているシーンを動画で見せる。これは、予め教師がシナリオを作って上級生の児童に演じてもらい、それを撮影したものである。そのシナリオは、上記のコツが明確に反映された内容でなければならない。
　例えば、次のような教科書の事例を修正したシナリオが考えられる。

鈴木	田中さんがうれしかったことばは何ですか。
田中	ぼくが言われてうれしかったことばは、「いっしょにあそぼう」です。
山下	どんな場面で言われたのですか？
田中	休み時間に、することがなくてたいくつしてたら上山さんが言ってくれました。うれしかったです。
鈴木	そういうときに声をかけられるとうれしいですね。
山下	わたしも、「いっしょにしようと」とさそわれて、うれしかったことがあります。
田中	山下さんは、どんなときに言われたんですか。
山下	学校から帰るとき、田村さんに「いっしょに帰ろう」と言われました。思わず、大きな声で「うん」と言ってしまいました。
鈴木	どうしてそんなにうれしかったんですか。
山下	ちょうど、田村さんともっと話したいと考えていたからです。
田中	それは、とっても楽しい帰り道だったでしょうね。よかったですね。

：

②コツの抽出

　「この人たちは上手に質問したり答えたりするためにどんな工夫をしていたのか。」と問いかけて、クラス全体でそのコツを抽出する。態度を含めた話し方（相手を見て・うなずきながら等）についての気づきも出させて共通理解すればよい。ところが、上記の話す内容に関するコツについては、動画を見ただけで気がつく学習者は少ない。そこで、動画を見せた後、用意しておいたシナリオを印刷したハンドアウトを配って、質問をする人とそれに答える人のそれぞれについてどんな工夫をしていたのかを考えさせる。

③実践

　コツの抽出ができたところで、実際に３人グループで話し合いをさせる。[1]の過程で用意している「うれしかったことば」について、一人目の学習者が話し、それに続けて３人で話をつないでいく。１分間を目安にする。

④成果の共有

　一旦、グループの話し合いを終えるように指示をして、コツを上手に用いることができたかどうか、コツの一つ一つを指しながら各自でふり返らせる。机間を回って気がついた、上手にできていたグループの例を紹介する。

⑤再実践

　二人目の学習者が自分の「うれしかったことば」について話し、そこから３人で１分間、話をつなげさせる。その後、同じように形成的自己評価をさせたなら、３回目の話し合いを同じ流れでスタートさせる。

フェイズ３　授業毎の形成的自己評価の時間と当該授業以外の教育活動における成功体験の機会を保証する

　「④アイディアの共有」と「⑤再実践」の段階で「しつもんをしたりそれに答えたりして話をつなぐことができるか？」について自身の学びを振り返らせます。この時間だけで３回の形成的自己評価をさせることになります。そのたびに、自分はどのコツをうまく使えて、どのコツに困難を感じるのかを確認させ、次の回の目標を持たせます。話す・聞くスキルのトレーニングでは、何度も経験することでコツを掴みやすくなります。

　本単元において、コツとして掲げた内容は、対話力、並びに人間関係形成力の基礎になります。教師は、国語科は勿論のこと、その他の教科や学校の日常生活における機会を捉えて、ここで学んだコツをうまく応用している子供を見逃さず、称揚し、全体に紹介することを徹底、継続するべきです。

「クラスみんなで決めるには」
（光村図書・４年下）

「学校についてしょうかいすることを考えよう」
（東京書籍・４年上）

　※どちらの単元でも、クラス全体での話し合い、いわゆる "学級会" 形態の話し合いをうまく進める能力を育てることができます。話し合いのテーマや学習の過程はそれぞれ異なっていますが、話し合いの立場（司会者・参加者）ごとに習得すべきスキルやコツは共通していますので、まとめて具体事例を紹介します。

フェイズ１　"話したり聞いたりできない子" は、どの立場のどんなコツを身につけていないのかを見極める

　話し合いを始める前には、司会グループは進行計画を立て、参加者は議題にそって自分の考えをまとめておくことが必要です。しかし、これは、大人にだって容易なことではありません。司会グループ、参加者の双方に次のようなことを理解させておく必要があります。

◎話し合いの議題（ゴール）のタイプによって、考える筋道が異なる。例えば：

【賛成か反対かを決めるタイプの場合】

　　○賛成（反対）するとどんなよいことがあるか？

　　○賛成（反対）するとどんな困ったことが起きるか？

【複数の候補から一つを選ぶタイプの場合】

　　○テーマに即して、その候補が他より優れていることは何か？

　　○利点が多く、かつ難点が少ないものはどれか？

【問題の解決策を考えるタイプの場合】

　　○現状とその原因はどうなっているか？

　　○原因を取り除くにはどうすればよいか。また、それによって新たに困ることが起きないか？

　最もコツを必要とするのは言うまでもなく、実際に話し合いをする過程です。どちらの教科書にも、例として、話し合いをする学習者の発言の内容が、話し合いが進む段階に分けて整理して書かれています。それに対応するように、下段にいくつかのコツが書かれています。話し合いの司会者なのか、参加者なのかによって分けられていますが、残念ながら、それらのコツは、あまり実効性のある具体的なものになっていません。議題にそってうまく話し合いを進めるために、次のようなコツを示す必要があります。

　＜司会者のためのコツ＞
　◎話し合いの議題（ゴール）のタイプによる話し合いの筋道を意識する。

　◎これまでに出てきた意見を、観点を定めて一まとめにしたり分類したりする。

　◎そのうちの一つについて、具体的に掘り下げていくのか、あるいは、新たな観点からさらに意見を求めるのかを判断する。

　◎意見を絞り込むときは、議題が提案された目的を拠り所にする。

　＜参加者のためのコツ＞
　◎話し合いの議題（ゴール）のタイプによる話し合いの筋道を意識する。（話す内容）

　◎発言は「結論→理由や具体例」の鉄則を守る。（話し方）

　◎直前の発言者の意見を受けて、賛成なのか、反対なのか、補足なのか、新規なのか、質問なのか等を発言の冒頭に述べる。（話し方）

　◎意見を絞り込むときは、議題が提案された目的を拠り所にする。（話す内容）

　司会者のためのコツのうち、「これまでに出てきた意見を、内容ごとに一まとめにしたり分類したりする」ことはこの発達段階の学習者にとってはかなり難易度が高くなりますが、これ

ができずに学級会をうまく進行することはできないでしょう。丁寧に指導をしたいものです。

　この過程で学習者に提示する目当ては「司会者と参加者のそれぞれの立場で、話し合いを前に進める発言をすることができるか。」となります。

フェイズ2　コツを認識、習熟させる手順を、その難易度に合わせて最適化する

　最も複雑な手順を必要とする、実際に話し合いをする過程の手順について紹介します。

　それぞれの教科書に示してある議題の例「ちいきの学習でお世話になった方へのお礼の会で、何をするか。」(光村図書)「来年入学してくる子たちにしょうかいすること」(東京書籍) は、論点を捉えにくく、話し合いの経験の浅い学習者にとって、あまり適切な例ではないようです。もしも、これらのテーマでやるとしたら、教師、または司会チームが事前に候補を三つほどに絞り込んでおかなければ、効果的な話し合いになりません。そうすれば、議題 (ゴール) のタイプは「複数の候補から一つを選ぶタイプ」となり、考える筋道が見えてきます。

　ここでは、「解決策を考え、決めるタイプ」の話し合いを進めるスキルをトレーニングする展開例を説明します。

　クラス全体での形態で話し合い活動をすると、どうしても、司会としての、あるいは参加者としての発言の機会が制限されます。コツを理屈で学ばせただけではスキルのトレーニングになりません。そこで、「②実践」では、グループを作って、全員が司会役を経験するまで話し合いを何度も繰り返すようにします。とは言え、グループ討論のスキルトレーニングではないので、ある程度の人数がグループ内に必要です。例えば、32名のクラスでは、1グループの中で、司会ペアが相談しながら進行し、6人が参加者となる8人が最適でしょう。司会ペアは交互に発言するように決めておきます。

　ここでは手順Cをベースにします。

①コツの提示

　上級生の子供たちが学級会で話し合いをしているシーンを動画で見せ、活動内容を把握させる。次に、上記の、司会者のためのコツ、参加者のためのコツを提示する。さらに、用意しておいた先の動画のシナリオ (次頁) を配布し、もう一度動画を見てシナリオの中の、コツが応用されている部分に線を引くように指示をする。動画やシナリオの内容は、明確に抽出したいコツを反映していることが絶対条件である。

　手順Cと言えど、紙面に文章で書かれたコツを提示するだけではなく、動画を見せる。話す・聞くスキルのトレーニングでは、声のトーン、間の取り方、表情や態度等、それぞれのコツに紐付いている情報が、読むスキルや書くスキルのトレーニングに比べて桁違いに多いからである。

議題

「10万円あったら、クラスのみんなが生活しやすくなるようにするためにどう使う？」

⋮

司会1	始めに、みんなが生活する上でこまっていること出し合いましょう。
A-1	カバンだなから荷物がはみ出ている人が多くて、じゃまになることがあります。自分のものを取り出そうとするときに、上の人の絵の具道具のひもが引っかかって、全部落ちてきたことがあります。
B-1	付け加えます。じゃまになるというなら、机の横に物をかけるのもじゃまになります。バッグや絵の具道具などがかけてあると、足にぶつかって通りにくいです。
	⋮
C-1	話は変わりますが、休み時間にすることがなくてあまり楽しくありません。この教室は運動場から遠くて時間がかかるので、教室やろう下で退屈してます。
D-1	疑問があります。図書室で本を読んだりすればいいのではないですか。
C-2	図書室は人が多くて、ゆっくり読むことができません。特に、雨の日は低学年の子たちがいっぱいです。
E-1	賛成です。それに、係の仕事などでたっぷり昼休みがとれないことがあります。残った時間では、教室やろう下にいるしかありません。
司会2	これまでの意見をまとめると、教室の中が整理整とんできていない・休み時間を楽しく過ごすことができないという問題が出されました。それでは、それぞれの問題について、10万円を使ってできる解決法を考えませんか。
F-1	話し合いの目的は、「クラスのみんなが生活しやすくなるように」ですから、まず、教室の整理整とんという問題からの方がいいと思います。
	⋮

※アルファベットは各参加者。数字は発言回数

②実践

　グループごとに、一つの議題を与えて、話し合いをさせる。今回は記録係と時計係は置かず、司会者と参加者のそれぞれのスキル習得に集中させる。実際の学習者の生活にあまりにも利害関係のある議題だと、何が何でも意見を押し通そうとしたり感情的になったりする学習者が現れる危険がある。そこで、例えば、「10万円あったら、クラスのためにどう使う？」などの、現実的だが実行を伴わないことが織り込み済みの議題の方がよい。逆に、学習者の日常とかけはなれた非現実的な議題だと、意見の理由や根拠が曖昧になり先述の、司会者の

ためのコツや参加者ためのコツを応用できなくなる。

　また、これらのコツは学級会の話し合いを想定したものであるから、学級会より人数の少ないグループ活動では、参加者の発言が少なくてコツの応用が難しくなるおそれがある。初めに一回り全員が自分の意見を述べる等のルールを決めておくとよい。

　さらに、学習者が配布されたシナリオを見ることができる状態のまま話し合いを始めると、シナリオ通りに発言しようとする者が続出するので、注意が必要である。

③成果の共有

　話し合いの終了の時間がきたら、どのコツがうまく使えたか、または使えなかったのかを自己評価させる。必ずこれをやらなければ、学習者は議題の内容に引き込まれて、本来の学習の目当てを見失ってしまう。その上で、いくつかのグループの話し合いを観察して気がついた、優れた思考による参加者の意見や司会者の効果的な話し合いの進め方の事例を紹介してアイディアを共有させる。

④再実践

　8人グループ（一組の司会ペア）ならば、1〜2単位時間内に話し合いを四回繰り返せば、全員が二つの立場を経験することができる。四回とも同じ議題で話し合うなら、ペアごとグループを移動して、新たなグループを作るようにするとよい。それぞれの回で異なる議題を与えるのなら、グループはそのままで司会の立場だけをスライドさせればよい。話し合いが終了する度に、形成的自己評価をさせる。話し合いの最中は、考えるエネルギーの70％を議題の内容に費やし、残りの30％はコツを掴むことを意識するように何度も声を掛けること。

　この手順全体を通して、クラスを効率よく、スムーズに動かしていくのにはリズムとスピード感のある的確な指示が必要です。教師の指示や説明が、分かりにくかったり長すぎたりして授業展開が停滞することのないように気をつけて下さい。このスキルのコツは、理屈でじっくり理解するより、実際に何度もやってみて慣れる方が掴みやすいことをお忘れなく。

■フェイズ3　授業毎の形成的自己評価の時間と当該授業以外の教育活動における成功体験の機会を保証する

　それぞれの時間の最後に、形成的自己評価として自分の学びに星をつけるのは同じですが、今回は特に次のことについて、自分の学びを誇りに思えるのはどこか、あるいはどこに課題があると考えるのかを記述させます。

　○司会者の立場・参加者の立場のどちらが？
　○具体的なコツのうちのどれが？

　その形成的自己評価の内容を踏まえて、次時の冒頭に各自にそれぞれの目当てを明確に持たせることが重要です。こうして学びのownershipは強固なものに成長していきます。

　長いスパンで言えば、小学校の中学年では、学級会を開いて様々な議題について話し合う

機会が豊富にあります。その度に、話し合いの直前に「今回の議題はどのタイプなのか」「司会者・参加者としてのコツは何だったか」を確認させます。常に教室に掲示しておくとよいでしょう。話し合いの後には、「司会者・参加者として学んだコツをうまく応用できたか？」をそれぞれの子供達にふり返らせることを徹底して下さい。

グループ討論をする

（筆者オリジナル・小学校高学年～中学校全学年）

　光村図書、東京書籍を含む複数の出版社の高学年の国語の教科書には第5学年と第6学年のそれぞれに、グループで話し合う力を育てる単元が設定されています。そこには、タイプの異なる議題（賛成か反対かを決める・複数の候補から一つを選ぶ・解決策を考える）が設定され、議題のタイプに適した話し合いの道筋や、実際に話し合う際のコツが示されています。しかし、それらの内容は、ごちゃ混ぜに示されていて、何が、個々の学習者が習得すべき普遍的、汎用的スキルなのかがはっきりしません。

　また、そこには重要な要素が欠けています。グループで討論することの意義は、その議論や決定に一人一人の意見を反映させることです。そのために必要なスキルの一つに人間関係形成に関することがあります。社会性が芽生えてきたこの年代の学習者は、教師による何の支援もなく、グループによる話し合いをさせると、ヒートアップして口げんかになったり誰かが泣き出したりすることがよくあります。それは、この人間関係形成に関するスキルが未熟だからです。これでは、一人一人の意見を反映させることなどできません。ですから、きちんと指導する必要があるのですが、教科書の内容にはそのような意図は見えません。

　グループ討論という作業は、参加者が持てる能力を出し合って成立させるものですので、個々の参加者の話し合うスキルは、その話し合い活動において各自が自らすすんで果たすべきいくつかの「役割」という形であらわすことができます。より質の高いグループ討論では、参加者が、それぞれの「役割」を適宜、分担しながらすすめられていきます。それらのスキルは、議題のタイプや話し合いの道筋に左右されない、普遍的、汎用的なものでありながら、日常の生活の中で自然に習得することは困難です。もしも、学習者が、小学校時代に適切なトレーニングを経験していないのであれば、中学校で経験すべきです。

　これらのことを踏まえ、本節では、小学校高学年から中学校卒業までの間に、是非指導しておきたい、グループ討論をするスキル習得のための授業（筆者オリジナル・60分間）の具体事例を紹介します。

フェイズ1　"話したり聞いたりできない子"は、どの立場のどんなコツを身につけていないのかを見極める

　グループ討論の参加者がすすんで担うべき「役割」には次の五つがあります。これは、福岡教育大学の若木常佳先生の研究[8]を筆者が参考にして具体化し、実際の指導を通してそ

の効果を確かめたものです。

◎「**主張**」
　○結論を述べた後に、説得力のある根拠や具体例を添える。
　○話し合いの段階や筋道にそって意見を述べる。
◎「**受け止め**」
　○相手の意見を正確に理解したことを示す。例えば：
　　「つまり、……ということですね。」
　○相手の意見のよさを見出したことを示す。例えば：
　　「……の点から見てもいいことですね。」
◎「**確認**」
　○相手の意見の曖昧な点をはっきりさせておく。例えば：
　　「例えば、どんな……？」
　　「どうして、そのような……？」
◎「**導き**」
　○出された意見を整理し、今後の話し合いを方向付ける。例えば：
　　「これまでに出された意見は○○に着目したものと△△に着目したものに分けること
　　ができます。では、次に□□に着目して考えてみませんか。」（広げる）
　　「これまでに出された意見は○○に着目したものと△△に着目したものに分けること
　　ができます。では、まず、○○について詳しく考えてみませんか。」（深める）
◎「**気配り**」
　○発言の少ない参加者がいる場合、答えやすい質問を振る。例えば：
　　「○○さんはどれがいいと思いますか？」
　○出された意見が別の参加者に強く否定された場合、その人の面目を保つ。例えば：
　　「……の部分はおもしろいので時間があれば後で取り上げませんか。」

　「主張」、「受け止め」、「確認」の内容は、一対一で対話をするときのコツと同じになりますので、この単元より前に対話のスキル習得の指導をしておくことも考えられます。学習者によっては、「受け止め」や「確認」のコツを掴むのに困難を感じることがあります。
　多くの学習者は、「主張」を得意とする人が話し合いが得意な人だと思いがちです。しかし、他の四つの役割ができないで「主張」ばかりを繰り返す人は能力が高いとは言えません。「主張」を苦手とする学習者には、まずは、自分が得意とする「役割」を強みにさせることが、力を伸ばす近道です。しかし、話し合いの中で、全く「主張」しないわけにもいきません。話し合い中に、自分が思考に費やすエネルギーの７割程度を「主張」に、残りを他の四つの「役割」に使うように指示をすることが大切です。

　これらのコツを掴むことは、小学校高学年の学習者にとって、ハードルの高い仕事になります。特別なトレーニングを受けていない限り、大人でも自然とできる人は、極めて少ないでしょう。そこで、**コツを応用する練習**を挿入した**手順Cの発展型**を採用します。

　※この授業では、学習形態の変化や細やかな指示を必要とする局面が多いので、その展開を詳細に説明するために、1単位時間（60分間）の授業展開案と、授業で学習者に配布する「台本型てびき」、「ハンドアウト」、「自己評価シート」を次に掲げます。

授業展開案

学習活動	教師の指導・支援	学習評価
1　「お題」について4人グループで討論をしてみる。 ＜5分＞	○「台本型てびき」を折り曲げて「お題」の部分を読ませ、30秒間考えを持たせた後、話し合いをスタートさせる。およそ1分間。 ○自分はグループ討論に向いていると思うかどうかをたずねる。（三択）	
2　本時の目当てを確認する。		
	効果的なグループ討論に必要なスキルを身に付けることができるか？	
3　グループ討論参加者としての五つのコツ（役割）を理解する。 ＜8分＞	○効果的なグループ討論をするために必要とされるのは次の二つの能力であることを説明する。 　◎話し合いを進める力 　◎人間関係形成力 ○それらの能力は、次の五つの「役割」において発揮されることを「ハンドアウト」を配布して説明する。 「主張」「受け止め」「確認」「導き」「気配り」	
4　4人グループで「台本型てびき」にそってグループ討論のロールプレイをする。 ＜8分＞	○五つの「役割」が明確に反映している「台本型手引き」を準備しておく。 ○A～Dの役割を決め、台本に沿ってセリフを言うように指示。 ○【　　】の中に当てはまる「役割」名を書き込むように指示。	○役割の意味を正確に理解していない学習者の割合は。また、それは誰か。（挙手）

5　グループ内でペアを作り、「受け止め」と「確認」の練習をする。 ＜8分＞	○ペアになって聞く役と答える役を交代しながら次のやりとりをするように指示をする。※￣￣￣内をスポーツ・動物などに変えて何回か練習させる。 「好きな食べ物を二つ教えて下さい。」 ↓ 「〇〇と△△と□□です。」 ↓ 「受け止め」or「確認」or 両方	○この二つの役割が苦手な学習者の割合は。また、それは誰か。(挙手)
6　4人グループで同じテーマで実際に討論をする。 ＜10分＞	○「台本型てびき」のA-1から始めるが、その後は伏せて見ないように指示をする。 ○5分程度で止めて、自分が五つの「役割」を果たすことができたかどうか一つずつ確認させる。	○どの役割をどの学習者が果たすことができたか。どの役割を苦手としている学習者の割合が多いか。(挙手)
7　「導き」と「気配り」の模範事例の内容を共有する。 ＜8分＞	○机間指導中に気がついた模範事例を教師が紹介する。例えば： ◎「導き」 ①出された意見を、着目点を示しながらうまく分類している。 ②アイテムの汎用性に着目して三つに絞り込もうとしている。 ③参加者の同意の割合に着目して三つに絞り込もうとしている。 ◎「気配り」 ①相手の態度や表情を意識している。 ②意見が出せない人に答えやすい（二者選択等)の質問を投げかけている。	
8　グループのメンバーを入れ替えてもう一度同じテーマで討論をする。 ＜8分＞		
9　「自己評価シート」に振り返りをする。 ＜5分＞	○本時の目当てに対して、今日の自身の学びに星（五つが最高)をつけさせる。さらに、「先生へ」の手紙に、自分が自信のある「役割」と、これからできるようになりたい「役割」について書かせる。	○どの学習者がどのコツを身に付けている（いない)のか。また、それぞれの学習者の次の課題は何か。(授業後に確認)

お題

夏休みに、瀬戸内海の無人島でのサバイバルゲームに班のメンバーと参加することになった。ルールは1週間そこで生活すること。安全を考えて飲み水はほしいだけ主催者から提供される。身に付けている衣服・靴以外の携行品は次の中から三つを選ばなければならない。どれを選ぶか、話し合いをしなさい。

大型ナイフ　　　　マッチ一箱　　　　20メートルのロープ　　　　大型鍋
懐中電灯（乾電池入り）　　　防水シート（10メートル×10メートル）
着替えの衣服一式　　　　釣り道具一式　　　虫除けスプレー

A-1	まずは、予想される生活の場面や状況の中から一つに着目して、そこで絶対に必要なものを考えてみませんか。
B-1	後で整理して三つにしぼるのですね。じゃあ、魚をとって食べるために、釣り道具が必要と思います。【　　　】
C-1	さばいたり焼いたりするときは、どのようにするつもりですか？【　　　】
B-2	切り立った石などの自然のものをナイフのかわりにしてさばいて、火は木切れと板を使って火おこしをします。
D-1	うーん、でも、絶対釣れるとは限らないじゃないですか。
B-3	それは……
C-2	でも、魚を食べるというアイディアはいいから、覚えておいたらどうでしょう？【　　　】
A-2	そうですね。では食べること以外に目をつけた意見はありますか？【　　　】
D-2	着替えの衣服一式と虫除けスプレーです。健康を保つことが重要だと思います。【　　　】
B-4	確かに健康を優先という考え方には賛成ですが、どうして着替えなのですか？【　　　】
D-3	夏だからきっと海に入ったり、急な夕立に出会ったりするでしょう。着替えがないと濡れたままでは病気になってしまいます。【　　　】

A-3	なるほど。さて、これまでに食べることと健康を保つことを考えた意見が出されました。その他の場面や状況からは考えられませんか？【　　　】
D-4	Cさんはまだあまり発言していないけど何か言いたそうですね。【　　　】
C-3	はい。ぼくは（わたしは）――――（つづく）

ハンドアウト

◎優れたグループ討論の参加者が持っている能力とは？
- ●話し合いを進める力
- ●よい人間関係をつくっていく力

◎具体的に言うと次の「役割」を果たすことである。

「主張」
　○自分の考えを述べた後に、説得力のある根拠や具体例をそえる。
　○話し合いの段階や筋道にそって意見を述べる。

「受け止め」
　○相手の話す意図を理解する。
　　「つまり、……ということですね。」
　○相手の話す内容のよさを見出す。
　　「……の点から見てもいいことですね。」

「確認」
　○相手の話のよくわからない点をはっきりさせておく。
　　「例えば、どんな……？」
　　「どうして、そのような……？」

「導き」
　○出された意見を整理し、今後の話し合いを方向付ける。
　　「これまでに出された意見は○○を考えたものと△△を考えたものに分けることができます。では、次に□□に着目して考えてみませんか。」（話し合いを広げる）
　　「これまでに出された意見は○○を考えたものと△△を考えたものに分けることができます。では、まず、○○について詳しく考えてみませんか。」（話し合いを深める）

「気配り」
　○発言の少ない参加者がいる場合、答えやすい質問を投げかける。
　　「～さんはどれがいいと思いますか？」
　○だれかの意見が別の参加者に強く否定された場合、その意見のよい部分にもふれる。
　　「……の部分はおもしろいので時間があれば後で取り上げませんか？」

自己評価シート

氏名（　　　　　　　　　）

◎この時間の自分の学びの成果に対して星をいくつつけますか？

☆　　☆　　☆　　☆　　☆

◎この時間の学習の中で、自分がうまくやれたと思う「役割」はどれですか？また、やろうとしたが困難を感じたものはどれですか？該当するものを全て、手紙の形で書いてください。今後の授業づくりや日常の指導の参考にします。

先生へ

　重要なことは、これらのスキル（「役割」）を習得することは容易ではなく、繰り返しトレーニングする必要があるということです。また、一度、話し合いをスタートさせたら、教師が途中でストップして、助言をすることは、悪影響の方が大きくなります。ですので、自分は話し合いのどのスキルの習得を目指すのかを、学習者に意識させてから活動をスタートさせる必要があります。

フェイズ3　授業毎の形成的自己評価の時間と当該授業以外の教育活動における成功体験の機会を保証する

　授業の最後だけではなく、上記の授業展開案の「5　グループ内でペアを作り『受け止め』と『確認』の練習をする。」、「6　4人グループで同じテーマで実際に討論をする。」のそれぞれの後に、自分はどの「役割」がうまくできて、どの「役割」ができなかったのかを学習者に自己評価させると効果的です。

　長いスパンで言うと、グループ討論のスキルトレーニングのよいところは、日常の学校生

活において、特に高学年では、そのスキルを発揮する機会が度々訪れるということでしょう。教師は、国語の授業で学んだ種々のコツが日常生活の話し合いで生きてはたらいていることを発見したら必ず褒めてやることで、その子供の学びのownershipをより高めることができます。

　また、対話を含む話し合いのスキルを習得するにつれ、自分以外の人の考え方や話の内容に興味津津の様子が見られるようになったら、それこそが、「話す・聞くこと」の礎となる力であることを伝えて下さい。

おわりに

　ここまで、「Literacyの方略」を取り入れ、しかも、日本の伝統的な教育手法のよさを生かしながら、日本の国語科指導の因習を打破する授業づくりの理論と方法について、各領域、各発達段階毎にできるだけ具体的に説明してきました。

　筆者は、ここで重要なことを伝えておかねばなりません。

　本書でみなさんが学んだことは、世界や日本の優れた研究者や実践者の業績をもとに、筆者が練り上げて実践、検証し、理論化したものであります。ですから、現場の学校の教師たちには、まだ一般的ではない内容が大部分です。中には、日本の国語科指導の因習から抜け出せず、文学的文章教材の教師の個人的な解釈へと学習者の読みを導こうとしたり、「方法」という悪魔に取り憑かれて「目的」を忘れた（どんなスキルを習得させるのかという明確な意図のない）学習活動を設定したり、学習者の意欲や関心を無視した無味乾燥な学習を強いたりして空回りしている教師が多く存在しているのが小学校現場の現状です。

　ですから、あなたが、ここで学んだことを活かして、こうしようと決めた指導実践に対して、まわりの先輩や同僚から見当違いの反論や批判を受ける可能性が少なからずあることを覚悟しておくべきです。そんなときは、「RPG」のこの歌詞を思い出してください。

　　「世間」という悪魔に惑わされないで
　　自分だけが決めた答えを大切にして

　さらに、もう一つ、とても重要なことがあります。

　本書で紹介した、授業づくりの理念やフェイズ、および、様々な具体的手法は、きっと、あなたの授業実践を向上させるでしょう。あなたの指導力がレベルアップしたと言うこともできます。しかし、あなたのその授業づくりの努力が、自分の腕前を誇るためのものにならないように気をつけていただきたいのです。余計なお世話のように聞こえるでしょうが、教師の"フォース"は"暗黒面"に引きずり込まれやすいものです。そうなってしまうと、子供たちは簡単にそれを見抜いてしまい、教師と子供たちの間に絆は生まれません。クラスの子供たちに何とかして力を身に付けさせたいと、自分が、なりふり構わずに地べたを這いずり回って努力したときに初めて子供が変わり始めることを、教師なら誰もが経験しているのではないですか。それを経験した教師は（筆者がそうであったように）この仕事にやりがいを感じ、もっといい授業をつくろうとします。すると、そのうちに、子供との絆がもっと太く、熱くなっていることに気がつくでしょう。

　本書は、そういう教師の真心を応援するためのものです。うまい教師になることも大切ですが、その前に本物の教師であってほしい。そのために本書を役立ててほしいと心から願っています。

最後に、もう一つだけ。

筆者は、イギリスやその他の国々の教師たちと出会う経験を通して、世界中の国々にも、本物の教師たちがたくさんいることを知りました。教育制度やカリキュラムの内容は様々ですが、一度も宿題をしてこない子が初めてそれを提出したときは諸手を挙げて喜び、家庭や地域に困難を抱え登校が止まった子供たちのことを心配し、放課後には（ときには家に持ち帰って）一人一人の子供たちのノートにコメントを書き込んだり明日の授業の準備を黙黙としたりする彼らの姿は、我々日本の教師と全く同じです。そう考えると、この仕事には、世界中に、ものすごい数の、同じ価値観を持った仲間がいることになります。なんだか力がわいてきませんか。

【注・参考文献】
（1）次の文献を参照。
　　三森ゆりか『外国語を身につけるための日本語レッスン』白水社，2003年，39頁
（2）次の文献を参照。
　　丹生裕一「イングランドのある熟練教師はどのように創作活動を国語科の授業で運用するか」『国語科教育』第86集，全国大学国語教育学会2019年，53-60頁
（3）柴田義松・阿部昇・鶴田清司『あたらしい国語科指導法（五訂版）』学文社，2018年，98頁
（4）首藤久義『書くことの学習指導　場を作り、個に即して、書く生活の向上を助ける』編集室なるにあ，1994年，282頁
（5）次の文献を参照。
　　渡辺貴裕「ドラマによる物語体験を通しての学習への国語科教育的考察」『国語科教育』第70集，全国大学国語教育学会，2011年，100-107頁
　　渡辺貴裕「文学作品を用いた演劇的手法を通しての話すこと・聞くことの学習の可能性——イギリスのドラマ教育における例を手がかりに——」『読書科学』第58巻第1号，日本読書学会2016年，49-59頁
　　丹生裕一「イングランドの"the Framework for Teaching"に準じたあるインスピレーショナルな教師の授業づくりの手法文学作品を用いた演劇的手法」『読書科学』第55巻第3号，日本読書学会，2013年，102-113頁
（6）桂聖・授業のユニバーサルデザイン研究会沖縄支部『授業に「しかけ」をつくる国語授業10の方法　説明文アイディア50』東洋館出版社，2013年
（7）次の文献を参照。
　　丹生裕一「イングランドNational Literacy Strategyの効果的な実践に関する一考察」『国語科教育』第61集，全国大学国語教育学会，2007年，35-42頁
（8）次の文献を参照。
　　若木常佳「話し合う力を育成する教材の研究　台本型手びきにキャラクターを設定した場合」『国語科教育研究　第122回筑波大会研究発表要旨集』2012年，297-300頁

【著　者】

丹生　裕一（たんせい・ゆういち）

就実大学教育学部教授

熊本県出身。熊本県公立小学校教諭（28年間）を経て、現職。

小学校教諭時代に熊本大学大学院教育学研究科に国内留学、その後、小学校に勤務しながら東京学芸大学大学院連合学校教育学研究科で博士の学位を取得。

イギリスの小学校を訪問して国語科教育の実情を調査・研究すること15年間。

学会誌等に多数の論文を発表。

もうやめて。
"国語の力"を育てない国語の授業
──「やりたい！」「できた！」「もっとできる！」
　　　　が聞こえる授業のつくり方──

令和2年6月25日　発行

著　者　丹生　裕一
発行所　株式会社溪水社
　　　　広島市中区小町1-4（〒730-0041）
　　　　電話082-246-7909　FAX082-246-7876
　　　　e-mail: info@keisui.co.jp
　　　　URL: www.keisui.co.jp

ISBN978-4-86327-524-9　C3081